ASSEMBLÉE NATIONALE

DE BORDEAUX

NOTICES BIOGRAPHIQUES

LES
DÉPUTÉS DE LA SEINE

EN VENTE

CHEZ TOUS LES LIBRAIRES

PARIS
24 FÉVRIER 1871

ASSEMBLÉE NATIONALE DE BORDEAUX

LES DÉPUTÉS DE LA SEINE

1. — LOUIS BLANC. — 216,530 voix.

Le 23 avril 1848, Louis Blanc était élu représentant du peuple à Paris avec 121,140 suffrages.

Le 8 février 1871, 216,530 voix le plaçaient à la tête des députés envoyés par le département de la Seine à l'Assemblée de Bordeaux.

Ces chiffres parlent trop éloquemment d'eux-mêmes pour avoir besoin d'aucun commentaire. Ils vengent Louis Blanc de sa mise en accusation, votée en août 1848 par l'Assemblée constituante, et de sa condamnation par la cour de Bourges, « une des plus grandes iniquités dont se souviendra l'histoire, » a écrit Barbès. L'heure de la justice qui vient de sonner en France pour Louis Blanc avait été devancée depuis des années par le verdict de l'opinion générale en Angleterre, et toute la presse anglaise, sans acception de parti, a témoigné de l'estime et de l'admiration inspirées par le caractère et le talent de Louis Blanc à son pays d'exil.

Né le 28 octobre 1813, Louis Blanc, après avoir fait de brillantes études à Rodez, arrivait à Paris avec son frère, en 1830, au milieu des barricades de juillet. Son père, ruiné par la révolution qui lui enlevait sa pension sur la liste civile, ne pouvait venir en aide à ses enfants; ils vécurent d'une petite pension que leur fit M. Ferri Pisani, leur oncle, jusqu'au jour où Louis Blanc, entré d'abord comme *clerc* chez M. Collot, avoué (1831), partit pour Arras, où il resta deux ans comme précepteur du fils de M. Hallette, député. Bientôt lié avec Frédéric Degeorge, Louis Blanc débuta dans le *Propagateur du Pas-de-Calais* par deux poëmes, *Mirabeau à l'hôtel-de-ville* et un *Éloge de Manuel*, couronnés par l'Académie d'Arras. Après les avoir lus, Béranger, qui aimait Louis Blanc d'une amitié clairvoyante, lui fit prêter serment de renoncer à la poésie. « Je lui dois, a écrit Louis Blanc, de ne pas avoir perdu une partie de ma vie à faire de méchants vers. » Revenu à Paris en 1834, Louis Blanc écrivit au *Bon Sens*, au *National*, à la *Revue républicaine*, à la *Revue du Progrès*, fondée par lui, et à la *Réforme*. En 1840, il commençait la publication de l'*Histoire de dix ans*, et en 1847 celle de l'*Histoire de la Révolution française*. Entre ces deux œuvres magistrales de sa vie, Louis Blanc avait fait imprimer l'*Organisation du travail*, dont il avait déjà émis les idées dans le *Bon Sens* et dans la *Revue du Progrès*. Membre du gouvernement provisoire en 1848, Louis Blanc présida la commission des travailleurs au Luxembourg et y proposa des mesures transitoires propres à conduire progressivement et sans secousses à la réalisation de son idéal de société. « Mais ces mesures, a-t-il déclaré, je n'entends pas qu'on les impose. Elles appartiennent à la discussion; que l'opinion publique les juge, et que, s'exprimant par le suffrage universel, elle les rejette si elle les croit mauvaises, ou les adopte si elle les croit bonnes. »

Décrété d'accusation en août 1848 comme ayant participé à la journée du 15 mai, sur la déposition mensongère d'un nommé Watrin, qui prétendait l'avoir vu à l'hôtel de ville, Louis Blanc passa en Angleterre, où il est resté vingt-deux ans. Il y fonda d'abord le *Nouveau Monde*, revue mensuelle qui se publiait à Paris, et qui fut tuée en 1850 par le gouvernement du président de la République, Louis-Napoléon;

puis il se remit à sa grande œuvre, l'*Histoire de la Révolution*, qu'il termina en 1862. C'est à Londres également que Louis Blanc écrivit l'*Histoire de la révolution de Février* 1848 et ses *Lettres sur l'Angleterre*, adressées au journal le *Temps*. Marié en 1865 à une jeune femme charmante et dévouée, Louis Blanc, dont le *Rappel* s'était empressé de s'assurer la collaboration, quitta l'Angleterre en recevant la nouvelle de la proclamation de la République à Paris. Pendant les six mois qui viennent de s'écouler, l'attitude de Louis Blanc a été admirable de dévouement, d'abnégation et de patriotisme. Sous l'Empire, il avait refusé d'abaisser le drapeau de la République en prêtant serment à Louis Napoléon, pour arriver à la députation. Sous la République, en face des Prussiens assiégeant Paris, il s'est abstenu de toute démarche, de toute intrigue, de toute vue d'ambition personnelle, de toute incitation pouvant déchaîner la guerre civile. Dès le début, et bien qu'il eût pressenti la catastrophe à laquelle devait aboutir la voie funeste où s'était engagé le Gouvernement de la défense nationale, il a su ou pu maîtriser son désespoir, et faire à la patrie en deuil, foulée au pied par l'ennemi, vaincue, accablée par des désastres inouïs, le sacrifice de sa conviction. Si ses conseils, que le Gouvernement de la défense nationale se gardait bien d'ailleurs de solliciter, avaient pu trouver accès à l'Hôtel de Ville et y prévaloir, l'issue de la lutte eût été sinon différente, au moins plus glorieuse pour la France.

Nous venons de dire ce qu'a été Louis Blanc dans Paris assiégé. Nous voudrions pouvoir rappeler ici tous les témoignages de la sympathie que lui a témoignée l'Angleterre. Il nous a offert ce phénomène curieux de voir un républicain, proscrit pour avoir aimé la République, gagner sans effort le respect d'un pays voué au culte de la monarchie ; un fervent apôtre de l'égalité accueilli avec bienveillance sur une terre où règnent avec tant de force les préjugés aristocratiques, et enfin l'auteur de l'*Organisation du travail* adopté sans distinction de classe et de parti par la patrie d'Adam Smith.

Les éloges, les hommages les plus enthousiastes, Louis Blanc les a dus surtout à l'*Edinburg Review*, à la *Quarterly Review*, à la *Westminster Review* et au *Daily news*. Ils s'adressent sans nul doute au talent, mais surtout au caractère de Louis Blanc qui, dans toute sa vie politique, n'a jamais dévié des vrais principes démocratiques. C'est de lui ces maximes que tout républicain devrait avoir gravées dans le cœur :

« L'assassinat est une faute aussi bien qu'un crime; il le faut laisser aux aristocrates et aux tyrans. La démocratie défend qu'on la serve ainsi. De tels moyens sont contraires par essence à son génie et à son principe.

« Toutes les lois d'exclusion et de proscription sont des lois essentiellement anti-républicaines. La logique républicaine ne peut pas admettre que le fils soit puni pour les crimes dont le père fut coupable. La logique républicaine, qui repousse la solidarité héréditaire dans l'exercice de sa puissance, ne saurait admettre la solidarité héréditaire dans l'application des châtiments. Tous les gouvernements n'ont pas les mêmes conditions de vie et de force. La force du despotisme, c'est la violence; la force des monarchies constitutionnelles, c'est la corruption; la force de la République, c'est la justice. »

Et c'est pour avoir conformé ses actes à ces admirables principes que Louis Blanc a justement mérité l'estime et l'admiration de l'Angleterre et de la France.

2. — VICTOR HUGO. — 213,686 voix.

Le 6 septembre, vers dix heures du soir, vingt-quatre heures après la proclamation de la République, une modeste voiture découverte traversait au pas le boulevard déjà plongé dans l'obscurité la plus noire et fendait avec peine la foule étonnée. Dans cette calèche qui ne ressemblait en rien au char des triomphateurs se tenait debout, parlant à la foule, un homme à cheveux et à barbe blanches, mais vigoureux d'aspect et plein d'une énergie qui se répandait en paroles sonores et en appels passionnés à la concorde et à l'amour de la République.

Cet orateur en plein vent, c'était un exilé, un vaincu qui rentrait en vainqueur, c'était Victor Hugo, délivré comme Prométhée de son rocher Guernesiais, où le vautour impérial lui rongeait le foie et où le retenait cloué la fatalité d'un vers immortel :

« Et s'il n'en reste qu'un, je serai celui-là »

A partir de ce jour ou plutôt de cette nuit fameuse, pendant les 134 jours que dura le siége, personne ne vit plus Victor Hugo, sauf ses amis et dans le cercle de l'intimité. La rue, les théâtres, les conseils du gouvernement, les réunions publiques, les clubs, les ministères, les ambassades, l'Hôtel de Ville, ne reçurent pas sa visite. Il se fit invisible. Seulement dans les huit premiers jours de son arrivée, un manifeste de lui sous le titre de *Lettre aux Allemands* flamboya placardé sur tous les murs. Ce manifeste qui recommandait aux victorieux de *s'arrêter pensifs devant Paris* ne sembla point faire une grande impression sur les soldats du roi Guillaume. Bientôt parurent, pour la première fois en France, les *Châtiments*, vers immortels, les plus beaux de la langue française. La popularité du poëte s'en accrut dans la capitale assiégée. Des récitations, habilement organisées dans les théâtres, vinrent faire de chacune de ces pièces une sorte de petit drame en action. Le théâtre est un porte-voix puissant. Seul il aurait suffi à faire triompher la candidature du poëte; mais lui aurait-il assuré le second rang sur la liste de la députation parisienne avec 213,686 voix; nous en doutons. Il faut chercher ailleurs la cause d'un tel triomphe.

La cause fut *le Rappel*. Un journal est une tribune bien autrement puissante sur les masses que le théâtre, et le citoyen Victor Hugo ne l'ignore pas. Car bien qu'il se soit toujours défendu de toute immixtion dans la direction d'un journal, il en a toujours eu un à sa dévotion.

Qu'est-ce que le *Rappel*? Pour le peuple, c'est un journal, pour les journalistes, un canard, pour les rédacteurs-propriétaires, une affaire, mais pour le citoyen Victor Hugo, c'est un porte-voix. Il est aux intérêts du jour de M. Victor Hugo ce que l'*Evénement* fut à son adhésion à la présidence et au comité de la rue de Poitiers, ce que fut l'*Avénement* à sa rupture avec Louis Napoléon Bonaparte et le parti de l'*Ordre*. Créé en juin 1869 au moment de l'agitation plébiscitaire, le *Rappel* fut un instant, par nécessité de polémique, et aussi peut-être par sympathie littéraire, le porte-voix de M. H. Rochefort. Le meurtre de Victor Noir, l'échauffourée de Clichy furent exploités habilement par les rédacteurs. Un bout de persécution, un mois de suspension, beaucoup de maladresse chez les ennemis, beaucoup d'adresse chez les amis, des collaborations sérieuses telles que celles de MM. Edgar Quinet et Louis Blanc, tout cela fit la fortune de la feuille qui faillit devenir un journal. Mais la révolution de septembre survint, et le *Rappel*, empressé à reconnaître son servage, a remis ses destinées politiques aux mains du maître. Pour être occulte, son influence n'en a pas moins été souveraine. La personnalité de M. Victor Hugo, trop puissante pour un journal, œuvre essentiellement anonyme et impersonnelle, déborde à chaque ligne et fait craquer l'ensemble de l'édifice. Qu'importe, pourvu que le but soit atteint; il le fut par le scrutin qui unanimement a acclamé le maître sans qu'on puisse dire qu'il ait sollicité le suffrage populaire. C'est une acclamation spontanée. Elle a consacré Victor Hugo. Son journal, tour à tour libéral ou révolutionnaire, socialiste à ses heures ou communiste à ses moments perdus, a fait du même scrutin sortir les noms des deux candidats favoris, Louis Blanc et Victor Hugo, le patron et le principal collaborateur; mais le collaborateur est arrivé premier, — insolence que l'auteur de *Littérature et Philosophie mêlées* ne pardonnera jamais à l'historien de la *Révolution française*.

Nous avons souvent entendu discuter devant nous la sincérité des convictions, nous ne dirons pas seulement républicaines, mais libérales de M. Victor Hugo. On alléguait successivement son passé monarchique, sa pairie sous Louis-Philippe, ses votes sous l'Assemblée constituante en 1848, sa circulaire aux électeurs parisiens, ses accointances avec l'Élysée, son adhésion au programme de la rue de Poitiers, la fondation de l'*Événement*, que sais-je; tout, jusqu'à son titre d'académicien, jusqu'à son génie, cette aristocratie du ciel. Eh bien! nous avons toujours protesté avec énergie et quelquefois avec indignation contre ces apparences et ces prétextes. Le libéralisme de M. Victor Hugo ressort de tous ses livres. Libéral en littérature, comment serait-il réactionnaire en politique? Pour qui lit attentivement ses œuvres, on voit sa conviction politique se dégager petit à petit des ténèbres de son éducation, des préjugés du temps. Son libéralisme émerge du théâtre et du livre comme le soleil des nuages un matin d'avril. Ce libéralisme s'y accentue, prend corps, éclate enfin avec un *crescendo* formidable comme sous le poids d'une conviction invincible. Le poëte Victor Hugo s'efface: le citoyen Victor Hugo surgit.

Est-ce un démocrate? Entendons-nous: nous n'avons pas, comme un simple clubiste, le droit de scruter les reins et les consciences. Nous ne pouvons prendre que les déclarations et les actes. Eh bien, depuis le 2 décembre 1851, personne n'a le droit de suspecter la bonne foi du poëte. Il a souffert pour la cause républicaine, il a honoré l'exil par sa constance et son génie, il a fait à l'empire le plus de mal et à la cause des peuples le plus de bien qu'il a pu. N'est-ce pas suffisant? Sans doute ses séïdes l'ont plus d'une fois compromis. Qu'importe! Plus de modestie conviendrait peut-être à un sincère ami des institutions républicaines. Soit.

.... Quis solem dicere falsum
Audeat....

V. Hugo a toutes les ambitions. Il a la gloire; il veut la popularité. Le théâtre lui a donné la domination des âmes. Un bout de pouvoir effectif ne lui déplairait pas. Ce pouvoir que des hommes médiocres détiennent, dont ils jouissent longuement et sans conteste, on le lui refuse à lui, le poëte, l'homme de génie, qui veut bien s'abaisser jusqu'à la politique. Cela se comprend-il? Lamartine l'aurait eu et Victor Hugo en serait sevré! Eh bien! il le lui faut, il l'aura, dût-il le ramasser dans la rue, dût-il le tenir de la faveur du peuple souverain, mais souverainement ingrat.

Est-il possible que ce soit là le mobile sérieux de tant d'avances à tous les partis? Ah! malheureux grand homme, qu'est-ce qui vous y forçait!

3. — LÉON GAMBETTA. — 202,399 voix.

Léon Gambetta, l'homme politique le plus connu peut-être, et à coup sûr le plus universellement populaire que possède aujourd'hui la France, est par-dessus tout un tempérament. Né à Cahors, et de race italienne, il apporte dans tout une verve, un entrain, une exubérance de vie à nulle autre pareille. Ajoutons qu'il met au service de cette force première une immense faculté d'assimilation, un esprit prompt, une langue claire et précise.

De plus, c'est un charmeur; il possède au suprême degré cette influence magnétique qui enlève les masses et les tient palpitantes aux lèvres d'un orateur, ce que Voltaire appelle chez les artistes le diable au corps.

Étrange contraste : ce tribun possède des opinions très-modérées, et même parfois un peu étroites, au point que ses confrères du barreau l'ont longtemps regardé comme un orléaniste. Cet homme si vivace est paresseux avec délices, ne faisant rien qu'au dernier moment et se fiant sur sa grande facilité pour rattraper le temps perdu.

C'est à son tempérament qu'il a dû de devenir subitement, d'avocat obscur, connu seulement dans les cercles du quartier Latin, un des hommes les plus populaires de France. Tout le monde se souvient de la plaidoirie d'une violence inouïe qu'il prononça lors de l'affaire du tombeau de Baudin, sans que le président du tribunal, complétement fasciné, songeât même à l'interrompre.

Lors des élections de 1869, la première circonscription de Paris le préféra à l'honorable M. Carnot. Ceux qui eurent occasion d'entendre Gambetta dans les réunions publiques de la période électorale, ne tardèrent pas à comprendre que les allures fougueuses de l'avocat méridional correspondaient beaucoup mieux avec celles de l'orageux Belleville que la nature calme de l'ancien député.

Candidat également dans les Bouches-du-Rhône, il fit, pour conquérir au second tour de scrutin les voix des bourgeois de Marseille, des déclarations de principes qui le mirent en froid avec ses premiers électeurs de Belleville.

A la Chambre, il parut d'abord vouloir marcher sur les traces de M. Picard et de M. Glais-Bizoin; il prit part à quelques escarmouches parlementaires où il développa toute sa fougue et toute sa verve mordante. Un jour que la question du prochain plébiscite était agitée, Gambetta monte à la tribune et prononce, au milieu de la surprise et de l'attention générales, le grand discours qui le posa comme orateur de premier ordre et comme homme politique. Grâce à une grande modération de langage qui n'enlevait rien à la précision de ses idées, grâce sans doute aussi à cette merveilleuse puissance de fascinateur qu'il possède, il put, sans être interrompu une seule fois, développer toute la théorie du gouvernement républicain.

Au 4 septembre, lors de l'envahissement de la Chambre, lui seul, même parmi les hommes que l'acclamation populaire portait au pouvoir, ne perdit pas la tête; seul il parvint à se faire écouter de la foule; seul il lutta pour que la révolution eût un caractère légal, et qu'un vote des élus de la nation, eussent-ils même été candidats officiels, prononçât la chute de l'empire.

Du 4 septembre au 7 octobre, confiné au ministère de l'intérieur, combattu dans ses propositions énergiques par la plupart de ses collègues, il ne fit rien ou presque rien; mais arrivé en province, où l'avait transporté le ballon *l'Armand Barbès*, et où MM. Crémieux et Glais-Bizoin prouvaient leur impuissance, l'homme ardent renaît et l'organisateur se révèle. Prenant en main l'autorité, il se saisit des deux portefeuilles de l'intérieur et de la guerre, crée des armées, les fait instruire, les équipe et les lance contre l'ennemi, qu'elles battent en différentes rencontres. Mais Bazaine livre Metz, et par ce moyen rend libres les deux cent mille hommes de Frédéric Charles, qui vont se ruer sur les recrues de Gambetta. Gambetta crie à la trahison, tandis qu'à Paris les camarades du traître parlaient de « glorieuse épée. »

Gambetta nomme des généraux, les brise lorsqu'ils les croit incapables, parcourt incessamment la France restée libre, soulève les populations et voit accourir à sa voix, enflammés d'une même ardeur patriotique, des hommes de tous les partis. Les revers ne l'abattent pas; mettant le salut du pays au-dessus de tout autre sentiment, il fit une fois, dit-on, avancer des canons et tirer à mitraille sur des fuyards français.

C'est au milieu de ces travaux de géant que vint le surprendre la nouvelle de l'armistice conclu par le gouvernement de Paris. En apprenant cette suprême résolution, en voyant ces hommes, qui étaient restés sourds à sa voix lorsqu'il leur disait d'agir et d'occuper l'ennemi sous Paris afin qu'il ne pût pas détacher une partie de l'armée assiégeante pour prêter aide à ses corps d'opérations, traiter pour la France, et, par suite, amener la défaite de Bourbaki et la retraite de Garibaldi, un cri d'indignation s'échappa de son âme. Il voulait lutter encore; mais il fut désavoué, et moralement contraint de quitter le pouvoir.

Les deux départements alsaciens, ainsi que Paris et l'Algérie, l'ont choisi pour représentant, parce que, comme lui, ils ont voulu et voudraient encore la défense à outrance, et la paix par l'expulsion de l'étranger. Malgré les circonstances qui ont anéanti le résultat de ses efforts, Gambetta occupera une place dans l'histoire à côté des grands lutteurs de la France; pas plus que Vercingétorix il ne sera déshonoré pour avoir été vaincu.

— 14 —

4. — (GIUSEPPE) GARIBALDI. — 200,239 voix.

Aux héros de la fable, aux chevaliers errants de la légende, le xixe siècle peut opposer la grande figure de Garibaldi, si grande, que sachant ce qu'il a fait, on est tenté de considérer comme vrai ce qui en d'autres moments passerait pour fictions de poëte.

Né à Nice le 4 juillet 1807, Garibaldi fut donc, par sa naissance, Français et sujet de Napoléon Ier; les traités de 1815 le firent Italien et sujet de Victor Emmanuel Ier.

Tour à tour conspirateur et proscrit avec Mazzini (1832-1834), capitaine d'une frégate tunisienne, commandant de l'escadre de l'Uruguay, puis de différents corps de troupes dans la guerre que cette république soutint contre le féroce Rosas et ses gauchos, chef des chasseurs des Alpes dans l'armée de Charles Albert (1848), général de division au service de la République romaine, vainqueur des Français le 30 avril, le 9 mai des Napolitains; traqué après la capitulation de Rome; général en chef des armées péruviennes (1852), commandant des volontaires italiens en 1859, général des troupes de l'Émilie dans le courant de la même année.

Le 12 mai 1860, il débarqua à Marsala (Sicile) avec mille volontaires : les populations de l'île accourent se ranger sous ses ordres; le 27 du même mois il entre dans Palerme soulevé; à la fin de juillet, il occupe Messine; le 8 septembre il entre dans Naples, n'ayant livré que le combat de Reggio où périt De Flotte, ancien représentant du peuple en France. Victor Emmanuel II, craignant sans doute qu'une aussi riche proie ne lui échappât, et étant accouru à la tête de son armée, offrit au héros patriote un titre, un grade, une fortune considérable pour lui et ses enfants, mais celui-ci refusa tout et retourna à Caprera cultiver ses champs.

L'année suivante, Garibaldi essaye de soulever l'Italie pour marcher à la conquête de Rome, sa capitale naturelle, occupée par les soldats de Napoléon III ; il est blessé à Aspromonte par une balle italienne. Fait prisonnier, on ne sait par qui le faire juger, et le ministre Ratazzi est obligé de le remettre en liberté.

Les Français ayant, en 1866, évacué Rome, Garibaldi est, au mois de septembre 1867, appelé par les patriotes Romains. Il est arrêté à Asinalunga par ordre du ministère Ratazzi, et reconduit et gardé dans son île ; il s'en échappe et entre dans les États du pape, dont la population s'arme à sa voix. Mais les Français accourent, les chassepots du général de Failly « font merveille » à Mentana (4 novembre 1867). Les volontaires, mal armés, sont massacrés, culbutés. Garibaldi se réfugie sur le territoire italien.

De nouveau on le renvoie à Caprera, sans oser le mettre en jugement. En 1866, dans la guerre pour l'affranchissement de la Vénétie, on est tout heureux de le retrouver, et, la paix faite, de le renvoyer.

Lorsqu'éclatèrent, comme autant de coups de foudre, les nouvelles des désastres des Français, de la révolution du 4 septembre et de la proclamation de la république à Paris, Garibaldi trompe la surveillance dont il était l'objet, quoique membre du parlement italien. Il débarque à Marseille, dont la population lui fait une réception enthousiaste, le 7 octobre, le jour même où Gambetta quittait Paris. Il arrive le 9 à Tours ; la délégation du gouvernement de la défense nationale accepte ses services ; le 14, il était à Besançon, organisant le corps destiné à opérer dans l'Est. Le 16, un décret lui confère le commandement des compagnies franches des Vosges et d'une brigade de *mobiles* ; à ce premier noyau viennent se joindre des volontaires de toutes nationalités.

A la tête de cet assemblage disparate, en apparence incapable de soutenir un combat sérieux, mais que réunit une commune conviction et la foi absolue dans son chef, Garibaldi livre, du 20 octobre au 26 novembre, une série de combats dont quelques-uns ont eu une certaine importance, et empêche par suite la marche des Prussiens sur Lyon. Le 26 novembre, il poursuit un corps de 5,000 Badois jusque sous les murs de Dijon. Le 4 janvier, il gagne une bataille à Nuits et entre à Dijon le 6. Ses mouvements, combinés avec ceux de Bourbaki, obligent Von Verder à évacuer Vesoul. Les tristes événements de Paris l'ont forcé plus tard à abandonner le pays et à battre en retraite.

Voilà quels sont les efforts, souvent heureux, tentés par Garibaldi pour sauvegarder l'indépendance et la liberté de cette nation française que deux fois il avait rencontré devant lui alors qu'il combattait pour l'indépendance et la liberté de l'Italie, voilà les titres qui l'ont naturalisé citoyen français mieux que toutes les lettres délivrées par un gouvernement quelconque, et qui lui ont valu l'honneur d'être élu par trois départements à l'Assemblée nationale en ce moment réunie à Bordeaux.

Ces services éminents rendus à la France n'ont pas suffi cependant pour désarmer la haine qu'ont voué nos réactionnaires au soldat du droit. Ils lui ont par trois fois refusé la parole qu'il demandait pour motiver sa démission annoncée par le président, et déclarer qu'il votait pour l'établissement de la République. La reconnaissance de tous les Français qui ont au cœur l'amour de la patrie et de la liberté vengera Garibaldi de cet inconcevable outrage. Il a vu d'ailleurs, dans sa vie déjà longue, bien d'autres ingratitudes sans être corrigé de son amour pour les peuples opprimés.

Amour enfantin à force d'être grand.

5. — EDGAR QUINET. — 199,472 voix.

Au nombre des calamités qui peuvent affliger une république, Cicéron cite le retour des proscrits; — *Et exules reduces.*

Il avait deviné Félix Pyat. Mais le retour d'Aristide le sage dans ses foyers, mais la rentrée d'un Quinet en France pourraient-ils jamais justifier de telles paroles ? non !

Nous considérons le retour d'un citoyen tel qu'Edgar Quinet comme un bonheur public et le meilleur exemple à proposer aux générations présentes. C'est l'image de la patrie militante, laborieuse, vénérable. C'est un encouragement au bien.

Edgar Quinet, né à Bourg (Ain), le 17 février 1803, a donc aujourd'hui soixante-huit ans passés. C'est un grand vieillard vénérable d'aspect, noble de tournure, au visage sérieux mais affable, au regard clair et bienveillant, à la parole mesurée, à la voix grave, le portrait d'un patriarche ou d'un sage de la Grèce. Sous ce front noble et élevé ne germent que des pensées humanitaires, des idées de progrès indéfini, des aspirations patriotiques. Il a la maladie du bien public, comme tant d'autres ont la maladie du désordre. Hier encore, pendant le siége, il s'ingéniait à trouver des plans de campagne pour le triomphe de la France, il objurguait l'Allemagne, qui le respecte et l'honore pour avoir le premier fait connaître ses philosophes, il encourageait la défense, il honorait les dévouements. Hélas ! à quelles déceptions devait l'exposer sa confiance !

Le livre d'un jeune écrivain fourvoyé depuis dans les agitations de la rue, M. L. Chassin, a raconté compendieusement la vie littéraire et les travaux philosophiques d'Edgar Quinet depuis son *Essai sur Herder* jusqu'à la publication de ses *Œuvres complètes.* Lui-même, dans certains fragments, notamment dans l'admirable livre : *Histoire de mes idées*, nous a dit son enfance et certaines particularités de sa vie littéraire. Ses travaux de philosophie et d'histoire, son enseignement comme professeur au collége de France, ses luttes contre l'obscurantisme appartiennent au temps passé, et sont dans la mémoire de tous les contemporains. Sa vie politique, proprement dite, commence en 1847.

Il fut porté par l'opposition du collége de Bourg à la députation, mais ne fut pas élu. Il eut une part active à l'agitation réformiste, prit les armes en février et fut nommé colonel de la 11e légion. Élu dans son département représentant du peuple par 55,268 suffrages, il siégea à l'extrême gauche. Il fut réélu troisième à l'Assemblée législative par 51,944 voix. Il fit partie des représentants libéraux de la réunion du Palais national et vota pour le droit au travail. Il était membre du comité des affaires étrangères. L'expédition de Rome le trouva parmi les opposants les plus implacables.

Le parti clérical et bonapartiste ne pouvait l'oublier sur les listes de proscription. Il fut expulsé de France par décret du 9 janvier 1852, et il se retira à Bruxelles.

C'est ici que nous devrions insister sur le grave enseignement de la vie d'Edgar Quinet. Au lieu de se laisser aller soit au découragement, soit à l'agitation stérile qui réunissait chaque jour ses coréfugiés au café Suisse, Edgar Quinet, retrempé dans les joies de la vie domestique par un second mariage avec une jeune et charmante femme, fille du poëte hongrois Assaki, fortifié par l'étude et la contemplation des révolutions périodiques de l'humanité, Edgar Quinet, dis-je, attendit que l'heure de la justice eût sonné pour la France et pour lui. Il l'attendit vingt ans.

Madame Edgar Quinet a retracé, dans les *Mémoires d'exil* (2 vol. in-18), avec le scrupule d'une autobiographie passionnée, les travaux et les misères de son mari durant ce grand laps de temps : *grande ævi spatium*. Les lettres, la philosophie, l'humanité n'ont rien perdu à cette longue séparation d'Edgar Quinet avec la France. Ce qu'il a fait sous le froid climat de la Belgique et sur la terre hospitalière de la Suisse suffirait à remplir une vie d'écrivain fort occupé. L'admirable drame des *Esclaves*, qu'un théâtre national devrait bien mettre à la scène pour l'honneur des lettres et de la république, ouvre la série des travaux du poëte philosophe. C'est le cri de rédemption poussé par un homme libre! Bientôt suivirent : la *Fondation de la république des provinces-unies*, la *Philosophie de l'histoire de France*, la *Révolution religieuse au XIXe siècle*, puis *Merlin l'enchanteur*, la *Campagne de 1815*, et enfin la *Révolution*, œuvre très-discutée, mais très-humaine et d'un véritable patriote, aussi éloignée de l'exagération révolutionnaire que de la réaction thermidorienne.

Cependant, à travers tous ces travaux et pour se délasser du spectacle des misères humaines, le philosophe s'était réfugié dans une étude pour laquelle il se sentait pris d'une invincible affinité : nous voulons parler de l'histoire naturelle. Son séjour en Suisse, à Veytaux, en le mettant chaque jour face à face avec les aspects de la nature alpestre et en communion avec les grands naturalistes de Genève, ne fit qu'augmenter cette passion dont les effets se manifestèrent par la publication de la *Création*, la plus noble peut-être de toutes les compositions littéraires d'Edgar Quinet. L'alliance de la nature et de l'histoire, la reconstruction des origines du globe par l'induction philosophique, tel était le programme admirablement exécuté par l'auteur. Ce livre fait de M. Quinet un émule des plus grands penseurs et des oseurs les plus hardis. C'est son chef-d'œuvre, et ce ne sera pas le dernier.

6. — HENRI ROCHEFORT. — 165,670 voix.

Il faut toujours à Paris un héros dont il puisse se toquer, un homme qui soit la personnification des idées et des goûts du jour, royautés éphémères destinées à fournir des héros aux romanciers futurs.

M. le comte Henri de Rochefort-Lussay, né à Paris, le 30 janvier 1830, a repris le personnage de ce duc de Beaufort qui fut roi des halles, et nous allons, pour le peindre, imiter sa manière.

Paris, après dix huit ans de trépignement impérial, commençait à se souvenir que tous ces grands personnages qui disposaient de lui et de la France n'étaient que de parfaits gredins, qu'un hasard scélérat avait un beau jour fait entrer par la porte du Sénat plutôt que par celle du bagne. Tous ces princes de l'assassinat, ces ducs de l'escroquerie, ces comtes de l'espionnage, ces barons du pot-de-vin, ces généraux détrousseurs, ces présidents proxénètes, cessaient d'être drôles et devenaient fastidieux. La grande ville éprouvait le besoin de secouer un peu toute cette vermine et surtout de passer à d'autres occupations que la contemplation de toutes ces turpitudes.

Rochefort survint juste à ce moment-là comme le champagne à la fin d'un repas. Tous ces idiots qui posaient en profonds politiques, ces braves qui portaient cuirasse, ces austères défenseurs de la morale publique, qui avaient laissé des souvenirs persistants dans les bals les plus échevelés, passèrent par *la Lanterne* magique. Paris éclata de rire, la France, comme d'habitude, l'imita, et le monde entier fit écho sans trop savoir pourquoi. *La Lanterne*, brochure fort chère cependant, se vendit jusqu'à cent quarante mille exemplaires. Mais si Paris riait à se tenir les côtes, les gentilshommes de contrebande dont on avait révélé le vrai nom, les filous dont on avait raconté les méfaits, riaient jaune à se tenir le ventre. Le général (procureur) Pinard, dit *Petit*, *mais rageur*, se mit dans une fureur qui fit trembler son ministère dans sa base, *la Lanterne* fut vouée à la sixième chambre, qui entreprit de venger l'empire en transformant, grâce à des amendes monstrueuses, le succès que faisait à Rochefort sa haine contre le gouvernement, en un impôt sur l'indignation publique.

Les choses auraient pu marcher longtemps de ce train-là si ces *chapardeurs*, qu'on aurait cru dépourvus de tout sentiment humain autre que l'amour de la caisse, ne s'étaient avisés de tuer leur poule aux œufs d'or en supprimant *la Lanterne* et en voulant faire prendre à son rédacteur le chemin de Sainte-Pélagie. Il prit celui de la Belgique, où il ralluma sa *Lanterne*, qui dans ce milieu ne fut plus qu'un falot. Ceci soit dit sans humilier les Belges, nos imitateurs et voisins.

Jusqu'ici rien d'extraordinaire; mais voilà qu'on veut faire de Rochefort un homme politique; on lui persuade qu'il a tous les talents requis pour gouverner et même réformer la société. Le hardi fouailleur se laisse prendre à cet appel, il endosse la carmagnole, se coiffe du bonnet rouge, se guinde dans son style, étudie Louis Blanc et devient communiste.

Par un caprice de vieillard, l'Empire permet à Rochefort de venir, nonobstant les mois de prison qu'il possède en France, poser lui-même sa candidature à Belleville; toute sa campagne électorale ne fut qu'une longue acclamation; le candidat se vit maintes fois obligé de se dérober à ses adorateurs; M. Carnot, qui avait espéré être plus heureux contre le pamphlétaire que contre le tribun, est écarté par l'engouement populaire. Rochefort devient représentant de la France, et commence à être ennuyé du personnage qu'on lui fait jouer et du mandat impératif qui le gêne dans ses entournures.

Néanmoins *la Marseillaise* est jacobine, gourmée, communiste. Le citoyen Millière y prêche la suppression du *terme* par l'établissement de la République. — Un communiste pratiquant que le citoyen Millière !

Rochefort ne tarda pas à trouver qu'il pratiquait trop.

Le prince Pierre Bonaparte tue un rédacteur de la *Marseillaise,* Victor Noir; Rochefort fait l'article que commandait l'événement et qu'Ollivier demanda à la Chambre la permission de poursuivre. Paris et sa garnison vont s'entre-regarder, le jour de l'enterrement de Victor Noir; tout se passe néanmoins en démonstrations de part et d'autre, grâce au bon sens de Rochefort, qui se refuse à jeter une foule sans armes contre les chassepots de l'armée, laquelle eût peut-être montré dans cette affaire plus de solidité qu'à Châtillon.

Rochefort condamné, le Corps législatif souscrit avec empressement à son arrestation; on provoque par ce moyen une petite émeute qui fournit à Ollivier l'occasion de sauver l'ordre.

Faut-il vous dire ce qu'est devenu Rochefort depuis? D'abord, il a quitté sa carmagnole et il est redevenu lui-même, sans pour cela cesser d'être un franc et sincère républicain. Au 4 septembre, MM. du gouvernement de la Défense nationale, à qui on l'imposa comme collègue, l'acceptèrent comme une pilule, sous prétexte qu'ils aimaient mieux l'avoir avec eux que contre eux. On lui donna pour amusette la présidence d'une commission chargée d'établir des barricades aussi utiles contre le canon Krupp que des scrupules dans la conscience d'un Bonaparte. Au 31 octobre, Rochefort, comme tous ses collègues, promit des élections et la formation d'un nouveau gouvernement : ne pouvant tenir sa promesse, il s'empressa de se retirer de ce guêpier.

Paris a élu Rochefort de nouveau, et il a bien fait, non que celui-ci ait un centime de valeur politique de plus qu'autrefois, mais parce qu'étant donnés le siége et les votes pacifico-monarchiques de la province, il était bon que Paris mît de la couleur dans son vote.

7. — VICE-AMIRAL SAISSET. — 154,379 voix.

Voulez-vous connaître le *pourquoi* de ces 154,379 voix? Comptez combien Paris contient de pères de famille, et rappelez-vous l'immense douleur de ce brave soldat, frappé dans ses plus chères affections par la mort de son fils, tué à son poste d'honneur au fort de Montrouge! Chacun de nous a ressenti le contre-coup de cette amère souffrance, et notre bulletin de vote a été tout d'abord l'expression de notre douloureuse sympathie.

La grande ville avait également un devoir à remplir envers nos marins, sans lesquels notre résistance, si mal organisée, eût été complétement dérisoire. Elle ne pouvait oublier non plus les énergiques protestations des jeunes officiers des secteurs contre la capitulation brusquement amenée par une famine que personne ne croyait aussi imminente.

Le bombardement et le rationnement nous ont tous faits soldats de la patrie : hommes, femmes, enfants et vieillards. Nous avons tous reçu le baptême du feu : tous, nous avons vaillamment supporté les privations atroces des derniers jours du siége. Il nous était donc permis de *décorer* à notre manière un de nos plus intrépides défenseurs, et de le signaler, avec ses lieutenants et ses matelots, à la reconnaissance publique.

C'est ce que Paris a fait le 8 février dernier.

---

8. — CHARLES DELESCLUZE. — 154,142 voix.

Le rédacteur en chef du *Réveil* a dépassé la soixantaine, et les biographes de profession ne connaissent guère son histoire qu'à l'état de double légende.

L'une a trait à la fameuse expédition de *Risquons-tout*, entreprise en 1848, alors que le citoyen Delescluze exerçait les fonctions de commissaire extraordinaire de la République dans le département du Nord. Il nous appartient d'autant moins d'émettre une opinion sur cet épisode fort obscur de nos tentatives de propagande démocratique en Europe à cette date, que le commissaire du Nord s'est toujours refusé à faire connaître, même à ses amis, quelle part il y avait prise et jusqu'à quel point s'y était mêlé le gouvernement de février.

La seconde légende du citoyen Delescluze est moins mystérieuse; elle frappe tout ensemble les yeux et l'imagination. Martyr de la transportation à Cayenne, l'ami de Ledru-Rollin est un vivant témoignage de la haine féroce que les républicains inconvertissables inspiraient aux hommes du second empire. Mises en regard des tortures de la captivité du Mont Saint-Michel, celles de Cayenne démontrent quelle a été dans le crime la supériorité évidente de la dynastie des Bonaparte sur celle des d'Orléans. Comme Sylvio Pellico, Martin-Bernard et Joigneaux ont raconté leurs prisons; mais Delescluze a fait lire au public son journal de la Guyane française, et nous avons eu l'occasion de puiser ici et là une idée comparative de ce que peuvent réserver aux convictions intraitables (intraitables parce qu'elles sont honnêtes), les colères des monarchies de branche aînée ou cadette ou les froides cruautés du césarisme napoléonien.

Jusqu'à ces derniers temps, Delescluze, sorti vivant mais tout meurtri de cet amphithéâtre que Pierre Leroux a si justement flétri du nom de « guillotine sèche, » a été revêtu de l'auréole dont les premiers chrétiens environnaient les confesseurs de leur foi. Sa parole a donc été écoutée, et l'amertume de ses accents en quelque sorte justifiée ou excusée par l'âpreté de ses souffrances et la pureté de ses intentions.

Jusqu'à quel point le maire élu du vingtième arrondissement représente-t-il les sentiments et les aspirations de la génération nouvelle? quelle espérance les déshérités de la société que nous ont léguée les monarchies antérieures peuvent-ils avoir dans la sagesse et la maturité de ses vues?

A notre avis, Delescluze n'est qu'une réapparition du passé, d'un passé qui, il est vrai, nous fait honte, car nous n'avons hérité, hélas! ni de ses colères patriotiques, ni de son dévouement poussé jusqu'à la plus entière abnégation. Un jacobinisme archéologique, ne tenant aucun compte des événements et du temps écoulé, une pâle et timide copie du despotisme, de l'exclusivisme, et même des afféteries de langage et de toilette des hommes illustres de 93, cela peut-il en vérité régénérer la France philippisée et bonapartisée? Nous ne le croyons pas.

Si, à l'imitation de Marat, Delescluze a été clairvoyant, parce qu'il était défiant; comme Robespierre, il a été et serait encore impuissant, parce que la violence ne fonde rien. Les Prussiens s'en apercevront bientôt pour leur part.

Au 31 octobre, d'ailleurs, le ressuscité de Cayenne paraît avoir compris que le terrorisme n'aurait pas même vingt-quatre heures de durée. Ses théories, faussement énergiques, que le désir de sauver la patrie pourrait à peine faire comprendre, sans toutefois les excuser, se sont évanouies devant les faits, et devant les scrupules de sa conscience d'honnête homme. Ce fantôme de Robespierre a reculé devant le fantôme de Bourdon de l'Oise, et n'a pas osé écraser les plagiaires d'Hébert et Chaumette, aussi audacieux, moins honnêtes à coup sûr que leurs modèles, et par cela même encore plus répulsifs.

---

9. — PIERRE JOIGNEAUX. — 153,265 voix.

Né à Ruffey (Côte-d'Or), en décembre 1815, Joigneaux entra d'abord à l'École centrale des arts et manufactures, puis il étudia la médecine et la chimie. Mêlé à la lutte ardente du parti républicain contre la monarchie de 1830, il fut poursuivi, subit une longue détention préventive, et fut condamné à cinq ans de prison, en 1838, pour complicité dans la rédaction d'un journal clandestin, *l'Homme libre*. Il consacra les loisirs de sa captivité à la publication d'un intéressant volume sur les prisons de Paris.

En 1844, après sa détention, il se retira à Beaune, au milieu de ses amis d'enfance, et s'y consacra tout entier à l'étude de la science des cultures. Il y publia un *Traité de chimie agricole*, et, faute d'un cautionnement pour établir un journal politique, il se contenta de fonder une chronique locale, où les leçons d'histoire remplacèrent les polémiques.

Élu à la Constituante de 1848 par son département natal, il vint à Paris, où, de concert avec les démocrates les plus voisins de ce qu'on a appelé le socialisme, il se voua à l'œuvre importante qui avait pour titre *la Feuille du Village*.

Réélu, en 1849, à l'Assemblée législative, il s'opposa de toute son énergie aux tentatives bonapartistes. Balayé, comme tant d'autres, par le coup d'État, il se réfugia en Belgique, où il fonda, à Saint-Hubert, un établissement agronomique.

C'est là qu'il a mis la main à d'excellents traités agricoles et horticoles sur les prairies, la vigne, les arbres fruitiers, et, couronnant le tout, à un gros Dictionnaire d'agriculture. Partageant la moitié de son temps entre sa chère Bourgogne et le Paris démocrate qui le connaît et l'estime à sa véritable valeur, il a été jusqu'à ce jour l'un de nos plus vaillants et de nos plus écoutés propagandistes au sein des campagnes. Le livre, l'almanach, le journal ont tour à tour été ses instruments d'éducation et d'instruction populaire, et nul ne sait mieux parler la vraie langue de ce patient et robuste ouvrier de la terre qu'on nomme encore le paysan.

Pendant le siége de Paris, Joigneaux s'est efforcé de faire produire quelques légumes frais à l'étroite bande de terre que n'avait pas encore souillée le pied de l'étranger. La rigueur inusitée de l'hiver ne lui a pas permis d'apporter à la pénible situation de la cité tous les adoucissements qu'il espérait. Il avait conçu aussi le projet de créer une école de culture maraîchère destinée à rendre de grands services à la production alimentaire et à vaincre la routine du producteur. Si, comme nous l'espérons, la République survit à l'épouvantable crise où nous ont jetés les deux empires et les dynasties royales, Pierre Joigneaux, dont la santé robuste et la vive intelligence sont de force à renverser bien des obstacles, saura mener à bonne fin la tâche que pour sa part il a choisie dans l'œuvre commune.

---

10. — SCHŒLCHER. — 149,994 voix.

Le nom de Schœlcher restera éternellement lié à l'une des plus nobles choses accomplies par cette révolution de 1848, tant calomniée par les hommes du passé, et que certains de la génération actuelle seraient volontiers portés à apprécier avec un dédain non moins injuste qu'injurieux. Ce que la grande République des États-Unis vient à peine d'accomplir, et après une guerre aussi atroce qu'impie, la France l'a réalisé sans coup férir, par un simple acte de sa volonté. L'abolition de l'esclavage, préparée et exécutée par des hommes de talent et de cœur comme Schœlcher, s'est effectuée sans qu'il ait été besoin de répéter cette parole héroïque de nos pères : « Périssent les colonies plutôt qu'un principe ! » Nos frères de couleur sont devenus libres, et nos colonies nous sont restées !

Revenu en France après l'accomplissement de son œuvre, Schœlcher devait naturellement aller rejoindre en exil, après les sombres nuits du coup d'État, tous les serviteurs honnêtes et vaillants de la démocratie. Comme Diogène, le Bonaparte cherchait des hommes, mais c'était pour en priver la nation. Réfugié à Londres avec Victor Hugo, né comme lui au commencement du siècle (1802), Schœlcher prit la plume, et traça, à la lampe de l'auteur des *Châtiments*, le sanglant récit de la lutte à laquelle ils avaient participé, aux côtés de Baudin, dans les barricades du faubourg Saint-Antoine. Ce livre, écrit avec une chaleur indignée, c'est *les Brumes de décembre*.

Le cri de douleur des vaincus du coup d'État, leur incessante protestation, ne pouvaient rester toujours infructueux et sans échos.

Un jour la justice reprend ses droits. L'empire s'effondre sous des revers qu'on pourrait croire préparés par la Providence des peuples. Comme dans toutes ses crises, la France ne voit qu'une ressource, qu'un espoir, la République. Schœlcher accourt de Londres, l'âme navrée, se demandant s'il est possible de galvaniser cette nation démoralisée et abattue par vingt ans du plus odieux et du plus énervant des despotismes. Peu importe! le lendemain de l'investissement de Paris, le 19 septembre, il accepte, avec le dévouement d'un Décius, la direction du corps d'artillerie de la garde nationale. Le 4 octobre, il entre aussi à la commission des barricades.

L'histoire dira un jour, avec ses sévérités et sans ménagements aucuns, quelles influences funestes, quelles demi-trahisons paralysèrent entre les mains de Schœlcher cette petite armée dont l'action pouvait seule être opposée, avec chance de succès, à l'artillerie qui, uniquement aussi, faisait la force et la puissance de l'envahisseur.

L'Assemblée nationale de Bordeaux aurait un grand devoir à remplir. Lorsqu'un navire a fait naufrage, quelles que soient la cause et les circonstances de ce sinistre, le capitaine est tenu de comparaître devant un conseil maritime, qui, décidant s'il a pris ou non toutes les mesures de salut que son devoir et sa science lui prescrivaient, le renvoie absous ou condamné. Paris a fait naufrage : le gouvernement de la défense nationale doit répondre de la perte du navire ; l'Assemblée nationale devrait être le conseil maritime chargé de le juger.

---

11. — FÉLIX PYAT. — 145,872 voix.

Fils d'un avocat légitimiste de Vierzon (Cher), qui le 4 octobre 1810 vit sa famille augmentée de ce futur mangeur de rois et d'avocats : son puissant besoin de violentes émotions artistiques le jeta, au sortir des lisières, dans l'ultrarévolutionnarisme. En 1829, époque de pur et simple libéralisme, où l'audace la plus grande se haussait jusqu'à la résurrection du girondinisme, Félix Pyat porta un toast à la Convention. Conventionnel, régicide, deux termes s'impliquant l'un l'autre pour tout bon royaliste. Le fils faisait rougir et pleurer son père, le père était abandonné, désavoué dans ses convictions par son fils ; loi psychologique qui veut et régit le développement de l'humanité, cet échelon-tête de l'espèce vertébrée, et s'oppose, pour cette raison, à la fondation des dynasties.

F. Pyat laisse aux premiers buissons de la vie littéraire, où il se jette avec fureur, la robe et la toque que sa famille l'avait contraint d'endosser (1831). Car cet *avocaticide* est avocat (on n'est jamais trahi que par les siens, dit le proverbe. Proverbe est fruit d'observations accumulées durant des siècles par le peuple, ce grand observateur), Félix Pyat, épris de distinction, se fait un genre à lui, et essentiellement original, au milieu de cette grande évolution littéraire et artistique qui suivit la révolution conservatrice de juillet.

Pour Pyat, le journalisme fut, il est encore une brèche sur laquelle il monte chaque jour, cherchant victime à qui porter des coups retentissants ; la scène lui devint école de philosophie politique et sociale en action, ses thèses y faisaient grand bruit, et croissante allait la réputation de l'artiste qui les avait découvertes et les développait. Qui dit artiste, dit personnification, personnification d'une idée, d'une époque, d'une société entière ou fragmentaire. L'artiste ne sait point trop où il va ; le souffle de l'Idée le pousse sans qu'il s'en doute, sans qu'il ait conscience de son œuvre.

La bourgeoisie ploutocrate, satisfaite de ses conquêtes, devenait marmotte et n'aspirait qu'à s'engourdir ; le prolétariat s'agitait, n'étant plus guidé et voulant continuer la marche en avant. N'ayant plus rien à revendiquer pour autrui, il commençait à songer à lui-même ; ses gémissements et ses plaintes formaient la basse continue des cris d'allégresse de la « prospérité croissante. » Riche filon à exploiter pour un artiste ! Félix Pyat y met la pioche, il en retire des trésors, des chefs-d'œuvre. *Une révolution d'autrefois* n'a, par ordre de la police, que trois représentations à l'Odéon ; *Une conspiration d'autrefois* n'est que publiée ; *Ango*, malgré la censure et ses ciseaux, obtient un succès inouï ; les *Deux serruriers*, *Diogène*, le *Chiffonnier de Paris*, autant d'emporte-pièces.

Le flot monte et Pyat avec lui ; il parcourt tous les tons de la gamme libérale, toutes les feuilles qui les rendent, et dont une seule survit, *le Siècle*. Du *National* il passe à *la Réforme*, et la révolution de 1848 le trouve socialiste à tous crins. Vibrant toujours à l'unisson de son milieu, il saute lui-même sur le théâtre, et le voilà représentant du peuple. Tribune est intermédiaire entre journal et scène.

Félix Pyat prononce son fameux discours sur le droit au travail et y donne la note du socialisme d'alors ; il combat ensuite l'établissement de la présidence de la République. Membre de la Législative, il prend part avec ses collègues de l'extrême montagne à la protestation du 13 juin. Bonaparte tendait la main à Pie IX, le sabre rétablissait le pouvoir du goupillon avant de s'installer lui-même. Félix Pyat, Ledru Rollin, Considérant, Martin Bernard, vaincus, traqués, prirent la route de l'exil. La République française avait commis un fratricide, elle portait dans son sein le germe de sa propre mort.

L'exil est mauvais pour tout le monde, particulièrement pour l'homme politique et l'artiste, qu'il soustrait à leur milieu et jette pantelants et brisés dans un désert moral, loin de ces mille faits de chaque jour qui expliquent les événements.

Félix Pyat, sentant sa nature artiste se modifier sous l'alluvion anglaise, souffrait plus que tous, et était le pivot de la fraction la plus amère de la proscription française.

A l'amnistie de 1869, il rentre, et s'essaye à refaire mouvoir ses ailes. Tout d'abord il casse les vitres; mais l'Empire n'aimait pas le bruit, cela gênait et les vautours digérants et ceux qui étaient encore à table. Félix Pyat est traduit devant la magistrature de M. Devienne, il recule devant les pénalités que les hommes nouveaux affrontaient avec insouciance, et repasse la frontière.

Au 4 septembre, il accourt et lève l'étendard du *Combat*. Quel a été son rôle pendant le siége de Paris? Celui d'un artiste qui recherche toutes les circonstances pouvant le mettre en vibration. Je ne sais quel peintre, Joseph Vernet peut-être, au milieu d'une épouvantable tempête, se fit attacher au grand mât pour tout voir et pouvoir tout retracer sur la toile. Pyat eût voulu voir Paris comme une autre Saragosse, afin d'en éprouver de plus violentes émotions à rendre dans un style plus fulgurant. Défiance frappe trop souvent juste : accusant les gouvernants de l'Hôtel-de-Ville, il a vu les événements lui donner raison. Gambetta? Gambetta a agi hors de la vue de Pyat, et Pyat ne saurait le lui pardonner. Rochefort? Eh, mon Dieu! on n'est pas artiste sans avoir les faiblesses de l'emploi, dont la plus commune est : jalousie envers le camarade.

Tel est l'homme dont nous avons tenté de crayonner le portrait avec son propre fusain.

12. — HENRI MARTIN. — 139,420 voix.

L'auteur d'une de nos meilleures histoires de France est né à Saint-Quentin (Aisne), le 20 février 1810.

Une des fautes, on pourrait presque dire un des crimes du gouvernement de la défense nationale, c'est d'avoir méconnu, au point de le confiner dans l'ingrate besogne de distributeur des subsistances pour le seizième arrondissement, le seul homme peut-être qui ait eu une foi absolue dans la puissance populaire pour la délivrance de la patrie, le seul qui ait prêché passionnément la guerre sainte contre les Germains!

Qui vous a donc empêchés d'appeler au sein de vos conseils cet admirable fanatique de la défense à outrance, dont l'influence magnétique gagnait si bien ceux qui l'entouraient, qu'à sa voix se sont formés les premiers bataillons de gardes nationaux volontaires, gens riches pour la plupart, auxquels il a inspiré un élan qui, de proche en proche, allait gagnant les citoyens de tout âge et de toute condition, et soulevait, au sein des bataillons des faubourgs, le désir de ne pas rester au-dessous d'un pareil exemple!

Dans cette grave et solennelle circonstance, l'historien enthousiaste de Vercingétorix et de Jeanne d'Arc a prouvé par ses actes la sincérité de son admiration pour ses héros et la valeur réelle de son patriotisme. Pourquoi, nous le répétons, un pareil auxiliaire n'a-t-il pas été mis à sa véritable place, à celle où il pouvait, mieux encore que Gambetta, insuffler à toute la nation sa vigoureuse haine et son indomptable énergie?

Pourquoi lui-même n'a-t-il pas écouté *les voix* qui, sans doute, lui disaient d'oser?

C'est qu'Henri Martin est aussi modeste qu'honnête : modeste, car il s'est effacé pour faire, au premier garde national du 72e bataillon frappé par une balle prussienne, des funérailles antiques; honnête, car il a cru au savoir, au patriotisme, au dévouement sans limites des découragés qui s'étaient chargés de notre salut. Jusqu'au dernier moment il s'est porté fort de leurs intentions, il a défendu leur honneur; il a cru à leurs paroles, à leurs serments.

Qu'en pense-t-il aujourd'hui?

Quand il lui faudra écrire cette page d'histoire qui commence au 4 septembre 1870 pour finir au 26 janvier 1871, nous qui le connaissons, nous sommes sûrs que la plume tremblera dans sa main.

Mais nous croyons être certains aussi qu'il sera inflexible.

---

13. — AMIRAL POTHUAU. — 139,280 voix.

Une étroite sympathie s'est établie, pendant le siége de Paris, entre la population ardente des faubourgs et les braves marins en garnison dans nos forts. Chaque obus qui trouait leurs casemates nous remuait le cœur à tous.

Quelle différence, disions-nous, entre ces affronteurs d'ouragans et nos troupes de terre! Et tout Parisiens que nous sommes, la raison de cette supériorité ne nous échappait pas. A bord il n'y a pas de retraite possible, et l'adversaire ne peut être enlevé qu'à l'assaut. De là ces habitudes de bravoure indomptable qui distinguent l'homme de mer et en font le premier soldat du monde. Transportés du navire dans un fort, où la situation est à peu près la même, et surexcités par les dangers de la patrie commune, nos héroïques matelots ont montré à l'ennemi tout ce que peut réaliser la valeur française.

Le brave amiral Pothuau a été chargé, par nos votes, de témoigner de la reconnaissance de Paris pour les efforts, hélas! infructueux, tentés par l'admirable corps dont il est un des chefs principaux.

14. — CH.-FERDINAND GAMBON. — 136,249 voix.

Né à Bourges en mars 1820, Gambon fit à Paris ses études de droit. Reçu avocat en 1839, il participa au mouvement républicain de l'époque et fut un des fondateurs du *Journal des écoles*. Nommé juge suppléant au tribunal civil de Cosne (Nièvre) en 1846, il fut plus tard suspendu pour cinq ans à raison du refus qu'il fit, dans un banquet patriotique, de porter un toast au roi Louis-Philippe. — Élu à la Constituante de 1848 par le département de la Nièvre, il fut réélu en tête de la liste aux élections de la Législative.

Proscrit au 2 décembre, il rentra en France à l'amnistie et se consacra dans son pays à des travaux agricoles, sans toutefois rien perdre de son activité ardente et passionnée pour le progrès démocratique. Gambon est un de ces tempéraments politiques que dévore le besoin de se signaler par des services rendus, et dont le zèle, parfois exagéré, se discipline difficilement. Il eut l'idée de renouveler de M. de Genoude, l'année dernière, l'insurrection morale du refus de l'impôt. Il ne comprit pas qu'en l'état actuel de la France, le courage civique est bien plus rare que la bravoure militaire, et que si les républicains sincères prennent accidentellement le fusil pour la défense de leurs principes, le nombre de ceux qui consentiront à lutter de longues années sur le terrain légal, et à s'y laisser ruiner par des amendes, est excessivement restreint.

Est-ce à dire que la génération nouvelle n'aura pas à employer les procédés intempestivement prêchés hier par le nouvel élu de Paris? Assurément si, car la création d'un parti conservateur de la République est une des nécessités absolues de l'avenir, et la loi commune ne pouvant plus, sous ce régime, être modifiée violemment, aux moyens révolutionnaires devra succéder l'action légale incessante, patiente et inébranlable

Ferdinand Gambon pourra rendre dans cette voie, nous l'espérons, de signalés services.

15. — ÉDOUARD LOCKROY. — 134,583 voix.

Édouard Lockroy est le fils de M. Lockroy, l'acteur-auteur applaudi par la génération de 1830.

Il y a quelques années on remarquait, dans ce qu'on appelait la petite presse, les articles d'un nouveau venu qui signait Édouard Lockroy; un peu plus tard, ce dernier arrivé faisait sa partie dans le quatuor du *Diable à quatre*. Enfin, en 1870, il fit sérieusement son entrée dans le monde du journalisme en participant à la rédaction du *Rappel*. Il faisait partie d'un groupe politico-littéraire qui comptait Auguste Vacquerie, Charles Hugo, Meurice, Louis Blanc, François-V. Hugo, Rochefort et une foule de jeunes qui visent la gloire sans repos ni trêve.

Édouard Lockroy a publié plusieurs volumes composés d'articles parus dans divers recueils et journaux, le dernier avait pour titre : « *Les Aigles du Capitole.* » Les nombreux lecteurs de ce charmant livre se souviennent sans doute de ces pages pleines d'esprit, de verve, de colère, de fines et cruelles railleries à l'adresse de la basse-cour impériale. Ce bourdonnement et ces piqûres acérées rappellent les vers du poëte :

> « Ailes d'or et flèches de flamme,
> « Tourbillonnez sur cet infâme !
> « Dites-lui : pour qui nous prends-tu ?

Édouard Lockroy, qui n'a guère plus de trente ans, compte déjà plusieurs campagnes. Il a fait, comme secrétaire de M. Renan, le voyage de Judée entrepris par l'auteur de la *Vie de Jésus*. — Il était avec Garibaldi en Sicile, et enfin il vient, comme chef de bataillon d'un régiment de marche de la garde nationale, de prendre part à la douloureuse campagne qui s'est terminée par la reddition de l'héroïque capitale.

Lockroy est nommé par la ville si tragiquement livrée à ses ennemis; il a à remplir non-seulement un mandat politique, mais encore à rendre un verdict de justicier. La faiblesse ou la trahison trouveront en lui une conscience imperturbable. Le rieur se fera sévère comme le malheur qui accable notre patrie.

---

16. — M. DORIAN. — 128,480 voix.

Les circonstances portent les hommes souvent plus qu'ils ne le font eux-mêmes à la réputation et même à la gloire, à une condition cependant, c'est que les hommes se laissent faire et soient à la hauteur des situations où le hasard les place.

M. Dorian possède le talent de se laisser faire : grand industriel dans la Loire, devenu le chef des opposants dans ce département en l'absence des vieux républicains enlevés par le coup d'État de décembre, il fut pour cette raison élu député en 1863 malgré un savant découpage des circonscriptions, grâce aussi à l'influence que lui donnait sa position dans le rayon rural où est située son usine.

N'ouvrant jamais la bouche dans les séances publiques de la Chambre, on ne le retrouvait qu'aux grands jours de vote, alors que l'opposition se comptait dans un scrutin. Il était de ceux, assez rares, qui savent écouter et méditer ; mais cela ne fait pas toujours l'affaire des électeurs qui lisent les journaux, et qui n'aiment pas à être représentés trop silencieusement. Aux dernières élections M. Dorian voulait se retirer ; mais de regrettables compétitions menaçant de tourner au détriment de la cause démocratique, on recourut de nouveau à lui, et il se remit sur les rangs de très-bonne grâce. C'est ainsi qu'il revint siéger au palais Bourbon, où il reprit ses allures calmes et peu bruyantes.

Au 4 septembre, les membres de la députation de Paris, devenus gouvernement de la défense nationale, ayant à constituer un ministère, et se souvinrent que M. Dorian était ingénieur et métallurgiste, et lui confièrent le portefeuille des Travaux Publics. S'attendaient-ils à lui voir prendre une part très-active à la défense de Paris? Non certainement, pas même lorsque, après l'investissement ils le chargèrent, eux qui ne croyaient pas à une résistance possible, de fabriquer des armes.

Il se mit à l'œuvre et eut cette chance particulière de ne rien trouver d'établi dans son ministère pour le service qu'on lui demandait d'organiser; il n'eut donc pas de lutte à entreprendre contre un personnel routinier. Il fit appel avec raison aux hommes qui, luttant quotidiennement sur le champ de bataille de l'industrie privée, cherchent à bien faire et à faire vite. Animés par le sentiment patriotique et par le désir très-naturel d'échapper plus ou moins pour leur compte au désastre général, ces hommes s'ingénièrent, se remuèrent et firent propositions raisonnables sur propositions insensées. M. Dorian ne décourageait personne; il examinait, et faisait expérimenter. Bref, on finit par se mettre à transformer des fusils à piston en *tabatière,* puis en chassepot, à fabriquer des mitrailleuses, à fondre des canons.

Les journaux qui, pendant ce temps, poussaient à la roue embourbée du gouvernement, exaltèrent alors ce que faisait le ministère des travaux publics, pour faire mieux ressortir l'inertie des autres branches de l'administration civile et militaire. M. Dorian se laissa naturellement mettre sur le pavois, et le 31 octobre les envahisseurs de l'Hôtel-de-Ville le prirent pour plastron et président au pouvoir provisoire; il se laissa faire et signa proclamations et décrets. Les hommes du 4 septembre rentrés en place, il y resta aussi, acceptant tantôt par son silence, tantôt par l'apposition de sa signature, tout ce qui fut dit et fait contre les hommes qui l'avaient mis à leur tête et voulaient certainement, s'ils avaient réussi, le placer à la présidence du gouvernement nouveau.

Pendant la dernière période du siége, M. Dorian fut maintes fois proposé pour le ministère de la guerre, d'où il devait chasser la sainte routine. Nous ne savons si cette question fut agitée dans les conseils du gouvernement et quel accueil lui fit le principal intéressé ; mais tout porte à croire que, comme d'habitude, il se serait laissé faire.

---

17. — RANC. — 126,533 voix.

Cinq pieds dix pouces, un peu de ventre, les jambes courtes, une calvitie qui ne prend plus la peine de se dissimuler, le teint brun, la barbe noire, des yeux petits, perçants et vifs, qu'on ne voit qu'à travers les verres d'un pince-nez, une petite excroissance au coin de la joue, la mâchoire inférieure légèrement saillante, signe d'une volonté arrêtée, connue plus généralement sous la dénomination d'entêtement; une certaine roideur du torse qui indique vaguement la quarantaine. Il discute peu, donne brièvement son opinion dans une phrase, dans un mot, s'écarte de son interlocuteur et revient après deux ou trois tours. Tel est le citoyen A. Ranc, dix-septième élu de la bonne ville de Paris, par 126,533 voix, le 8 février 1871.

La République du 4 septembre en fit le maire du 9e arrondissement, et plus tard le préfet de police de la délégation du Gouvernement provisoire à Tours.

Le citoyen A. Ranc est né à Poitiers, sur la place du Pilori, où Berton fut exécuté en 1821. « Une fois dans son enfance, racontait un jour devant nous le citoyen Ranc, un enterrement traversait la place, les porteurs marchaient vite : deux pauvres femmes suivaient le cercueil en trébuchant à chaque pas. Il tombait une pluie fine et les pavés étaient couverts de bouc. Que regardes-tu donc? me dit mon père, qui me voyait attentif. Rien, répondis-je, c'est l'enterrement d'un homme du peuple. Mon père, en m'entendant parler ainsi, se leva vivement et m'administra une telle semonce que j'en ai encore le souvenir présent à l'esprit. » C'est là peut-être le premier germe déposé dans l'esprit de l'enfant, qui a plus tard donné l'ardent et sincère républicain que le peuple de Paris vient d'envoyer au secours de la France blessée et de la civilisation en péril.

En 1853, le citoyen Ranc, étudiant alors, fut arrêté comme faisant partie du complot dit de l'Opéra-Comique. Condamné et transporté en Afrique, d'où il réussit à s'évader en regagnant Tunis, après avoir surmonté des fatigues et des dangers sans nombre, il se réfugia en Suisse; il rentra en France après l'amnistie d'août 1859.

Le citoyen Ranc, si notre mémoire est exacte, prit successivement part à la rédaction du *Nain jaune;* à la rédaction du *Journal de Paris,* comme feuilletoniste des théâtres; à la rédaction du *Réveil,* où il resta peu de temps, et enfin il fut, avec Alphonse Duchesne et Edouard Lockroy, auteur et éditeur du *Diable à quatre.* Nous avons oublié le nom du quatrième.

En 1869, il publia, à la librairie Internationale un volume qui a pour titre : « *Le Roman d'une conspiration.* » Les curieux qui désirent connaître l'auteur le retrouveront entier dans ce livre, avec son horreur de tout ce qui n'est pas la pensée abstraite, son antipathie des choses d'art (comme Platon, il exilerait les poëtes de sa République) avec sa droiture native, sa probité, ses haines implacables, ses jugements justes mais un peu étroits. Ceux qui sont au courant de la politique et de l'histoire de ces vingt dernières années sauront immédiatement à quoi s'en tenir en apprenant, sur la page qui précède l'introduction du *Roman d'une conspiration,* à qui est dédié ce livre.

---

18. — BENOIT MALON. — 117,483 voix.

Benoît Malon, l'ouvrier qui dans la liste triomphante du 8 février a réuni le plus de voix, ne doit pas avoir dépassé de beaucoup l'âge de l'éligibilité. Circonstance étrange : des représentants du socialisme pratique que Paris a élus, Malon est celui qui a obtenu le plus de suffrages, et c'est en même temps le moins connu, celui qui a le moins lutté pour la cause ouvrière, et, on peut le dire aussi sans l'offenser, le moins développé en savoir et en capacité.

Sa vie n'est pas longue à raconter : ouvrier teinturier à Puteaux, il y fonda il y a cinq ou six ans une société coopérative de consommation dont il fut le gérant. Cette position le mit en rapport avec les différents groupes d'ouvriers socialistes de Paris et l'amena à fonder la section de Puteaux de *l'Association internationale des travailleurs*. Lors des persécutions dirigées contre cette société en 1868, il fit partie de la seconde commission poursuivie, et obtint pour ce fait, de la munificence des tribunaux de l'empire, une condamnation à trois mois de prison et 100 francs d'amende.

Depuis, il a écrit dans *la Marseillaise*, et a fait notamment la correspondance du Creuzot lors de la grève des ouvriers de M. Schneider ; il a ensuite été impliqué dans le fameux complot machiné par le ministère Ollivier pour la réussite du plébiscite du 8 mai.

Son rôle dans l'*Internationale*, qu'il personnifie pour beaucoup de gens, a donc été des plus modestes. La nature rêveuse et poétique de Malon ne se prêterait pas d'ailleurs aux devoirs militants des chefs d'une société d'hommes d'action. Il ne s'est pas non plus fait connaître dans les réunions publiques des dernières années de l'empire, où un défaut de prononciation lui interdisait de prendre la parole.

Malon a dû d'être porté sur un grand nombre de listes, et par conséquent élu, à l'influence d'un petit groupe de personnages littéraires qui, ayant conçu pour lui une vive affection, l'ont partout recommandé très-chaudement. Au demeurant, le dix-huitième élu de la démocratie parisienne est incontestablement un homme de quelque valeur, puisque n'ayant reçu que l'instruction primaire, il est devenu écrivain.

19. — HENRI BRISSON. — 115,594 voix.

Né à Bourges (Cher), en 1835, fils d'un notaire, Henri Brisson va représenter, avec deux ou trois autres, au sein de la députation parisienne, ce que notre jeune génération lettrée renferme de plus généreux et de plus distingué. Si l'âge et les situations ne refroidissent pas leurs intelligences, n'obscurcissent pas la droiture de leurs vues et leur science des questions que va résoudre sous peine de mort la nouvelle société française, ils seront le lien qui doit unir dans une action commune les ouvriers et la bourgeoisie des villes, les propriétaires et les travailleurs des campagnes, ou, pour mieux dire encore, les favorisés et les déshérités de la fortune.

Henri Brisson s'est fait un nom dans le journalisme, dans ce journalisme sérieux et honnête devenu, hélas! trop rare sous le souffle corrupteur du second empire. Il a étudié les problèmes de l'économie sociale, et ne sépare pas leur solution, comme d'autres l'ont tenté quelquefois, des progrès de la science politique. Il sait l'étroit enchaînement de l'une et de l'autre, et professe avec tous les esprits judicieux qu'étant donné comme terme extrême de la civilisation le principe de l'égalité des conditions sociales, on ne peut marcher vers cette terre promise que par l'élévation constante et progressive du niveau moral et de l'intelligence des citoyens.

C'est probablement en raison de ses études spéciales sur ces points que, dès le 4 octobre, le jeune journaliste était nommé membre de la Commission chargée d'examiner les questions qui se rattachent à l'enseignement communal à tous les degrés. Et si les graves préoccupations de la défense de Paris ont réduit cette Commission, comme il est trop probable, à n'exister que sur le papier, le temps n'est pas éloigné sans doute où il sera nécessaire de reprendre l'œuvre et de la mener à bonne fin.

L'un des adjoints à la mairie de Paris, Henri Brisson a signé en cette qualité la proclamation du 31 octobre, appelant la population à élire le lendemain une nouvelle municipalité. Désavoué par le gouvernement, Henri Brisson a donné sa démission, en même temps que son collègue Floquet.

---

20. — ADOLPHE THIERS. — 103,226 voix.

M. Thiers est beaucoup trop connu pour que nous refassions, même dans un court résumé, l'histoire de sa vie. Nous nous bornerons à rechercher quel sera le couronnement de sa carrière d'homme politique.

M. Thiers est-il, ainsi qu'on se plaît aujourd'hui à en répandre le bruit, un partisan sincèrement reconverti à la forme de gouvernement « qui nous divise le moins? »

Comme il a déjà professé cette opinion, et qu'ensuite il s'est borné à constater que l'empire était fait, on n'est pas obligé de croire aveuglément à cette résurrection du bon sens chez un homme de tant d'esprit.

Si M. Thiers, au lieu d'être né en 1797, était venu au monde vingt ans plus tard, il y aurait pour nous plus de certitude que la leçon de 1851 lui a profité.

Si encore il avait l'habileté, en acceptant le fardeau d'une sorte de présidence provisoire, de désigner d'avance et de faire agréer par l'Assemblée nationale un successeur qui ne fût ni général ni prince!

Peut-être, qu'en ce cas-là, bien des fautes pourraient lui être pardonnées!

---

21. — SAUVAGE. — 102,672 voix.

M. Sauvage (François-Clément) est un des trois ou quatre administrateurs de nos lignes françaises sur lesquels s'est porté tout d'abord la faveur publique. Pourquoi M. Sauvage, fort habile homme d'ailleurs, et très-bon républicain sans doute, a-t-il été choisi plutôt que MM. Solacroup, ou Petiet, ou Krantz? Mystère? Pourquoi pas tous quatre? Toujours est-il que la nomination de M. Sauvage est née du programme adopté par les électeurs parisiens : Plus d'avocats! des gens pratiques!

Eh bien! M. Sauvage est un homme pratique, s'il en fut jamais. Né à Sedan le 4 avril 1814, il entra à dix-sept ans à l'École polytechnique, d'où il sortit le premier de sa promotion en 1833. Il opta pour la carrière des mines. Nommé ingénieur ordinaire des mines et envoyé à Mézières, il consacra son temps à des travaux de métallurgie, de chimie, de minéralogie, de géologie, et rédigea de nombreux mémoires sur ces travaux.

En 1838 et 1842, il reçut la mission d'explorer le bassin houiller de la province des Asturies et des gîtes métallifères de Carthagène. Il se rendit en Grèce en 1845 pour étudier un projet de desséchement du lac Copaïs.

En 1846, il quitta le corps des mines avec un congé illimité et entra au service de la compagnie du chemin de fer de Strasbourg, puis de Lyon-Méditerranée. Commissaire extraordinaire au Creuzot en 1848, il eut le bonheur de se tirer heureusement d'une tâche difficile : la conciliation de l'ordre et de la liberté. Rentré au service actif de la compagnie de l'Est en 1852, il fut nommé directeur en 1861.

On a de lui, en cette qualité, cette maxime qui témoigne de son tempérament comme directeur : « Donnez-moi douze gendarmes au lieu et place des douze administrateurs, — et je vous réponds que les choses n'en iront que mieux pour la compagnie. »

Lorsque éclata la guerre avec la Prusse, M. Sauvage se multiplia, et, grâce à lui, 300,000 hommes furent en quelques jours transportés à la frontière avec leur matériel de guerre, leurs fourgons et leur artillerie. Il reçut à cette occasion les félicitations du chef de l'État, et deux agents de la compagnie furent décorés. Un décret impérial du 22 juillet ayant prescrit la formation d'un bataillon d'ouvriers militaires chargés de réparer les voies ferrées détruites par l'ennemi, la compagnie de l'Est, en moins de huit jours, réunit un effectif de 600 hommes, tous ouvriers d'élite, avec 40 officiers, un matériel considérable et 44 voitures. Éventuellement la compagnie de l'Est se mettait en mesure de se charger de l'exploitation immédiate des lignes que nous devions être amenés inévitablement à occuper sur le territoire prussien. Un personnel complet de mécaniciens, chefs de gare, télégraphistes, se tenait prêt à remplacer le personnel étranger, et en même temps à défendre la voie contre les irruptions de l'ennemi.

On voit que M. Sauvage est un homme pratique. Malheureusement il n'avait pas compté sur la défaite des armées françaises.

---

22. — MARTIN BERNARD. — 102,366 voix.

Né à Montbrison (Loire), en septembre 1808. Fils d'un imprimeur qui fit de ses quatre enfants ses apprentis typographes, il vint à Paris sous la Restauration, pour se perfectionner dans son art, et travailla après 1830 comme compositeur dans l'imprimerie de Firmin Didot. Il fit partie de la *Société des Droits de l'homme*, et y obtint assez de notoriété pour recevoir l'honneur, en 1834, de figurer parmi les défenseurs des accusés d'avril. Fondateur et principal organisateur de la *Société des Familles*, avec Barbès et Blanqui, il fut arrêté à la suite de l'insurrection du 12 mai 1839. Condamné à la déportation par la Cour des pairs, il passa plusieurs années dans la prison du mont Saint-Michel, et la révolution de 1848 lui ouvrit les portes de Doullens, où il avait été transféré en dernier lieu. Il remplaça à Lyon, alors fort agité, Emmanuel Arago, que la République y avait envoyé en qualité de commissaire extraordinaire, et eut assez d'influence et d'énergie pour préserver la seconde ville de France du contre-coup de la terrible insurrection parisienne de juin 1848.

Élu à la Constituante par le département de la Loire, il a été réélu à la Législative en 1849, où il a constamment combattu la politique des Bonaparte, notamment en prenant une part des plus actives à la formation de l'association dite *la Solidarité républicaine.*

Le 13 juin de la même année, il fut l'un de ceux qui protestèrent énergiquement, au Conservatoire des arts et métiers, contre l'expédition romaine. Poursuivi à raison de cette insurrection, il passa d'abord en Suisse, puis en Angleterre, d'où il ne revint en France qu'à la dernière amnistie.

Brave jusqu'à la témérité, d'une discrétion qu'explique sa nature de conspirateur, mais qui n'exclut pas, comme chez d'autres, l'expression d'une franchise ouverte et confiante, Martin Bernard a le défaut, nous devrions dire la qualité, d'être orgueilleux en dedans, c'est-à-dire timide et beaucoup trop modeste quand sa personnalité est en jeu. Jamais il n'a songé à faire valoir ses souffrances passées, ses vieux et loyaux services, et c'est vraiment miracle que parfois les républicains au pouvoir aient songé qu'il y avait quelque mission périlleuse à lui confier.

Si par exemple la commission des barricades n'avait été pour Rochefort ce que fut le Luxembourg pour Louis Blanc en 1848, si l'on avait cru en haut lieu que Paris pouvait donner l'exemple des plus grandes immolations, c'est assurément à Martin Bernard que l'on aurait dû confier l'organisation de cette suprême partie à jouer.

Aux premiers jours de la révolution du 4 septembre, qui donc s'est souvenu des services qu'il avait rendus à Lyon en 1848 ? qui donc a eu l'intelligence de soupçonner ceux qu'il y pouvait rendre encore ?

Nous l'avons dit, cela tient à la timidité apparente du caractère de ce soldat de la démocratie. Il a écrit un récit émouvant de sa captivité au mont Saint-Michel. Il a contribué ainsi à l'érection de la statue de

Barbès. Quant à lui, il s'est oublié. Ses anciens compagnons de lutte savent cependant bien à qui revient de droit la première part dans la conception et l'organisation de la conjuration qui aboutit au 12 mai 1839, et dont l'histoire est encore à faire.

---

23. — MARC DUFRAISSE. — 101,688 voix.

Originaire de la Dordogne, Marc Dufraisse a pris part, en faisant ses études de droit sous le règne de Louis-Philippe, à toutes les tentatives républicaines de cette époque. Membre de la Société des droits de l'homme dès 1832, il s'était fait remarquer en 1835 par une lettre apologétique du vieux Morey, condamné dans l'affaire de l'attentat Fieschi. Élu à l'Assemblée législative de 1849 par le département de la Dordogne, après avoir été commissaire général de plusieurs départements sous le ministère Ledru-Rollin et préfet de l'Indre sous le ministère Recurt, il a été obligé de se réfugier en Suisse à la suite du coup d'État.

Rentré en France à la nouvelle de la révolution du 4 septembre, il a été nommé le 25 du même mois administrateur général des Bouches-du-Rhône. Au moment où nous écrivons, il est à Nice, où, en sa qualité de préfet des Alpes-Maritimes, il a eu à lutter contre un mouvement séparatiste provoqué par les Italiens annexés.

Marc Dufraisse est une de ces hautes intelligences qui ont un peu oublié et beaucoup appris. Il a très-honnêtement reconnu, pendant son long exil, la nécessité de constituer la France républicaine sur un terrain véritablement pratique, et de rompre avec toutes les abstractions philosophiques et les imitations de l'antique pour créer enfin une démocratie viable, sérieusement protectrice de tous les intérêts légitimes.

L'organisation fédérale des cantons suisses lui fournissait une occasion unique d'étudier sur place les conditions auxquelles pouvait se créer et grandir une véritable démocratie. Dans une série de remarquables articles publiés par *le Siècle*, un peu avant la guerre, Marc Dufraisse a exposé la propre vie de la Suisse ; il en a analysé l'organisme, fait ressortir les avantages et signalé les défauts. Il a fait voir ce qui peut lui être emprunté, et ce qu'on aurait à en retrancher ou à modifier en vue du génie particulier, des aptitudes et des préjugés mêmes de nos nationaux.

Marc Dufraisse apportera donc, dans la reconstitution nécessaire de la France mutilée, abattue, humiliée, mais jamais vaincue, un contingent d'idées neuves, de solutions pratiques exemptes de tout parti pris, de toute imitation du passé, et son concours actif et intelligent nous paraît être une indispensable condition, en même temps qu'une des sauvegardes de notre résurrection nationale au sein des États-Unis d'Europe.

Si jamais la grande pensée de Henri IV et le rêve du bon abbé de Saint-Pierre doivent être réalisés, soyons certains que Marc Dufraisse y aura contribué de tous les efforts de sa grande intelligence, et que son nom figurera avec justice au livre d'or des nations de l'avenir.

24. — GREPPO. — 101,018 voix.

Né à Pouilly en 1820, Greppo, l'un des ouvriers les plus populaires de Lyon, et des plus influents au sein des sociétés occultes qui ont existé dans cette ville après la dissolution des *mutuellistes* et l'insurrection d'avril 1834, a été élu à la Constituante de 1848, par le département du Rhône, à une majorité de 45,000 voix, et réélu à la Constituante par 70,000.

Nommé maire du quatrième arrondissement de Paris par le gouvernement du 4 septembre, il a donné sa démission au lendemain du 31 octobre, et n'a pas été renommé aux élections de novembre.

Le citoyen Greppo appartient à la nuance socialiste avancée. On lui a reproché d'avoir été le seul et unique approbateur d'une proposition faite par Proudhon à la

Législative de 1849; mais il a constamment déclaré qu'en cette circonstance il n'avait voté qu'en faveur de la liberté des opinions, et sans avoir en rien voulu se prononcer sur la valeur de l'idée proudhonienne.

Le gouvernement républicain du 4 septembre n'ayant pas cru devoir affirmer la pensée de conciliation et de véritable égalité qui s'était traduite en 1848 par la nomination d'Albert au gouvernement provisoire de cette époque, nous devons rendre à la mairie de Paris cette justice qu'elle a réparé autant que possible cette lourde faute. Les nominations, comme maires, de Greppo et de quelques autres démocrates ouvriers de 1848 en est la meilleure preuve. Ce qui nous console complétement, c'est qu'en appelant à l'Assemblée nationale les ouvriers Malon, Greppo et Tolain, les citoyens de Paris, et il faut entendre ici les citoyens de toutes conditions sociales, ont prouvé qu'il ne devait exister dans la représentation du pays aucune ligne de démarcation. Nous croyons également ne pas nous tromper en affirmant que, par ce vote, les mêmes citoyens ont voulu témoigner qu'ils ne voulaient pas plus de l'aristocratie de la blouse que de celle de l'habit; selon eux, il n'y a plus dans la société française d'autre *peuple* que celui dont tout le monde fait partie.

25. — LANGLOIS. — 95,851 voix.

Si l'origine du citoyen Langlois est celle que semble indiquer son nom, de nombreux croisements celtiques et l'influence du climat et du terroir ont complétement détruit en lui les caractères de la race anglo-saxonne. Jamais on ne vit d'homme moins flegmatique, moins compassé, moins pratique que lui. Le citoyen Langlois est la pétulance même, et à l'Assemblée il sera certainement le plus enragé interrupteur. Comme opinion économique, c'est l'utopie faite homme.

Dans les réunions publiques de Paris, il était devenu l'enfant gâté. Parfois il demandait la parole, grimpait à la tribune, y prononçait quelques paroles ordinairement fort raisonnables, d'une voix enrouée et d'un ton furieux, puis disparaissait comme il était venu, pour revenir une demi-heure après et redisparaître.

Comme position sociale, il est affligé d'un certain nombre de milliers de livres de rente, ce qui ne l'empêche pas de tonner contre l'intérêt de l'argent, qu'il appelle un prélèvement sur le gain du travailleur, et de réclamer l'application d'un système par lui exposé dans un gros volume auquel, paraît-il, personne n'a jamais voulu rien comprendre.

Le citoyen Langlois, socialiste, mutuelliste et ancien exécuteur testamentaire de son ami Proudhon, avec MM. Gustave Chaudey et Georges Duchêne, a parcouru différentes écoles socialistes avant de se fixer dans celle dont il professe aujourd'hui les doctrines et dans laquelle il est un peu chef de secte.

Ancien officier de marine, collaborateur de Proudhon à *la Voix du Peuple*, ancien transporté de Belle-Ile pour l'affaire du 13 juin 1849, il porte ses cinquante deux ans d'une façon très-allègre, malgré son dos voûté, sa barbe et ses cheveux blancs. Il a pris une part active à la défense de Paris. Nommé commandant par le 116e bataillon, puis lieutenant-colonel par le gouvernement après l'affaire de l'Hay, il était à Montretout, où il a reçu au bras une blessure qui a, dit-on, mis un instant sa vie en danger. Aujourd'hui, complétement rétabli, il promet d'être un des plus solides républicains de l'Assemblée nationale.

---

26. — GÉNÉRAL FRÉBAULT. — 95,322 voix.

Quelle est la signification précise de l'élection du général d'artillerie qui prit, au dernier combat sous Paris, une part dont l'histoire dira si elle a été suffisamment active, et que nous ne pourrions nous permettre d'apprécier en l'absence de tout débat contradictoire?

Est-ce parce que *l'Union républicaine* l'a un instant proposé pour le gouvernement militaire de Paris, avec Jean Brunet pour major général?

Jusqu'à plus ample informé, nous ne pouvons voir dans le choix des électeurs, en cette circonstance, que le désir d'apporter le plus de lumière possible sur le mystère de tâtonnements, d'indécisions et de reculades qu'a présentés le plan de défense de Paris. Nous souhaitons, sans trop l'espérer, que le général Frébault vienne faire franchement à l'Assemblée nationale de Bordeaux le *meâ culpâ* de notre science militaire, mise si complétement en défaut par la tactique prussienne.

27. — CLÉMENCEAU. — 95,144 voix.

Le maire nommé du dix-huitième arrondissement le 4 septembre est un jeune médecin bien connu des pauvres et des souffrants de son quartier. Il représentera à l'Assemblée nationale cette pléiade de dévouements inconnus et obscurs qui n'ont pas les récompenses du ciel pour objectif, qui meurent à la tâche au milieu des épidémies, qui soulagent les malades aussi souvent de leur bourse que de leurs conseils, et qui presque tous se prennent à rêver, au milieu des affreuses souffrances qui les entourent, aux moyens de proscrire la misère, et les afflictions morales et physiques qui en découlent, en faisant disparaître l'ignorance.

Quelques-uns des disciples d'Esculape font souche de charlatans et de spéculateurs. C'est le très-petit nombre. La majeure partie appartient à la démocratie avancée, et repousse les doctrines des religions révélées. Un groupe assez considérable de ces derniers, enfin, en haine du cagotisme et de la superstition, ne croyant pas à une justice d'outre-tombe, cherche ici-bas à réaliser le règne de l'équité par la fraternité ou la solidarité.

C'est à ce groupe qu'appartient, croyons-nous, le docteur Clémenceau. Nous ne jugeons pas ses doctrines;

nous le plaignons de se plonger ainsi volontairement dans la désespérance. Peut-être, d'ailleurs, l'existence du matérialisme n'est-elle qu'une conséquence accidentelle de la prédominance des sectes chrétiennes, et surtout du catholicisme.

Quoi qu'il en soit, nous devons aussi bien respecter les erreurs possibles des incroyants que celles des croyants, et ne juger les uns et les autres que par les actes. Aussi tenons-nous pour le docteur Clémenceau contre ses adversaires nombreux et puissants, et reconnaissons-nous qu'il était dans le vrai et la justice lorsque, dans sa circulaire du 28 octobre, il maintenait, malgré les rugissements de *l'Univers*, que le soin d'envoyer les enfants au catéchisme appartenait exclusivement à leurs parents, et que les chefs d'institution ou les maîtres d'école avaient le devoir de se refuser à cette tâche, qui, pour la plupart d'entre eux, devait entraîner un acte de honteuse hypocrisie et de lâche sujétion, ou de despotisme envers certains de leurs élèves.

C'est donc la doctrine de la séparation absolue de l'Église et de l'État que les électeurs de Paris ont entendu faire prévaloir par l'élection du maire du dix-huitième arrondissement. Il a toute la fermeté de caractère nécessaire pour plaider ardemment cette juste cause. Son sens politique est incontestable. Partisan d'une défense sérieuse de Paris, il a donné sa démission au lendemain du 31 octobre, et ses administrés l'ont réélu à une grande majorité.

---

28. — ÉTIENNE VACHEROT. — 94,621 voix.

M. Vacherot, maire élu du cinquième arrondissement, dans lequel se trouve l'École normale, est né à Langres (Haute-Marne), en 1808. En 1827 il était élève de cette École normale, et dix ans après, choisi comme directeur des études à cette même École, qui semble avoir fait corps avec lui.

En 1851, à la suite de querelles incessantes, querelles de doctrine, engagées entre le clergé et lui, M. Vacherot quitta la direction de l'établissement, dont un de ses ardents adversaires, l'abbé Gratry, était resté l'aumônier.

On doit à M. Vacherot bon nombre d'écrits philosophiques qui ont eu le privilége de remuer au dernier point la bile de MM. les cléricaux.

On n'a pas oublié non plus l'étrange procès qui lui fut intenté pour la publication de son remarquable ouvrage : la *Démocratie*, et comment, après avoir été condamné à cinq ans de prison pour divers délits, parmi lesquels la magistrature eut soin de faire entrer celui d'outrage à la morale religieuse, M. Vacherot se trouva, par le fait de ce jugement, à tout jamais privé de l'exercice de ses droits civiques.

La République a pris sur elle de les lui restituer; mais elle a laissé debout les complaisants magistrats qui les lui avaient retirés.

La popularité de M. Vacherot s'explique à Paris de la même façon que celle de M. Littré. Et comme il est probable que la réaction cléricale va devenir plus ardente que jamais, nous pensons que l'ancien directeur de l'École normale, tout comme le philosophe positiviste, sont destinés à rompre des lances dans le grand tournoi qui ne peut manquer de s'établir un de ces jours entre le catholicisme et la libre pensée.

La jeunesse des écoles est-elle donc destinée à revoir ses beaux jours de la Restauration?

---

29. — CHARLES FLOQUET. — 93,579 voix.

Né en 1829, à Saint-Jean-Pied-de-Port, Charles Floquet est devenu, en passant par le journalisme et le barreau, un homme politique auquel semble réservé un très-brillant avenir. Admirablement doué, d'un esprit lucide et éclairé, d'une éloquence audacieuse qui rappelle la jeunesse de Jules Favre (il l'a prouvé au procès de Pierre Bonaparte à Tours), et, ce qui ne gâte rien, d'une tournure de tribun élégant, il a eu, comme son collègue Henri Brisson, le rare courage de donner sa démission d'adjoint à la mairie de Paris lorsque le gouvernement laissa protester, dès le 1er novembre, les promesses qu'il avait faites le 31 octobre, sous la pression de l'émeute, il est vrai, mais d'une émeute provoquée par ses fautes accumulées.

Élève distingué du collége Saint-Louis, à Paris, Floquet en sortait à peine lorsque la révolution de 1848 éclata. Si on le trouve plein d'une ardeur juvénile sur les barricades de Février, on le retrouvera à trois ans de date, déjà mûri par l'âge et l'expérience, sur celles de décembre 1851.

Entré à l'école d'administration lors de sa formation, il en suivit les cours jusqu'à leur fermeture, fut ensuite reçu avocat, et avait passé ses examens de docteur en droit lorsque l'empire fut fait.

Il essaya de vivre alors de sa profession, mais la seule clientèle qui ne lui fit pas défaut, et pour laquelle il plaida avec passion, lui fut fournie par les procès politiques qui se succédèrent à partir de 1852. Il figura comme défenseur dans les affaires dites de l'*Hippodrome* et de l'*Opéra-Comique*, où il fut remarqué aussi bien par son talent naissant que par la fermeté de ses opinions.

Son stage à peine terminé, il se livra tout entier à l'étude des questions historiques et économiques, et ses jeunes confrères du palais peuvent se rappeler encore un travail très-applaudi qu'il fit sur la *Liberté des banques*, et qui lui valut à l'époque dont nous parlons, et malgré sa jeunesse, le titre de vice-président des Conférences Molé.

Il fit ses premières armes comme journaliste dans le quartier latin, dans une de ces feuilles, si vite disparues sous le souffle policier de l'empire, dont on oublie les noms, mais dont on se rappelle encore et la verdeur et l'esprit de jeunesse.

Floquet écrivit ensuite au *Courrier de Paris*, puis à l'*Europe*, qui se publiait à Francfort. Mais sa collaboration la plus active fut pour le *Temps*, et le *Siècle* ensuite. Il se fit remarquer dans ces deux journaux par ses comptes rendus des séances de la chambre.

Charles Floquet eut l'honneur d'accompagner Garibaldi, en 1866, dans sa campagne contre l'Autriche. Arrivé à son campement en qualité de correspondant d'un journal français, il n'avait rien trouvé de mieux, pour être bien renseigné, que de participer à la guerre en qualité d'officier d'état-major. Il acquittait ainsi d'avance, pour sa part, la dette que nous venons de contracter envers le chevalier italien sans peur et sans reproche.

Nous ne saurions négliger de rappeler que Floquet fut un des auteurs du *Manuel électoral*, et l'un des agents les plus actifs du mouvement politique de la France il y a six années, lequel donna à Paris et dans quelques départements une opposition que l'on crut si longtemps, et Floquet tout le premier, franchement républicaine.

Poursuivi pour ces faits et sous l'inculpation d'avoir appartenu à une société non autorisée, composée de vingt personnes, il figura dans ce *Procès des treize*, dont tout le monde a gardé le souvenir.

Les dernières élections faites sous le régime impérial, et les réunions auxquelles elles ont donné lieu, ont permis à la population parisienne d'apprécier toute la valeur de l'homme que le vieux républicain Kestner a cru digne de devenir son fils par alliance.

Nous ne formons à son égard qu'un vœu, c'est de le voir justifier toutes les espérances que la génération nouvelle croit voir en lui. Il lui suffira pour cela de se rappeler l'attitude héroïquement résignée des ouvriers de Paris et de leurs familles en face des atroces misères que leur a imposées le siége. Que ce lamentable spectacle ne sorte jamais de sa mémoire; qu'il n'oublie jamais, au sein de l'aisance dont il jouit, que des millions d'êtres humains, ses frères, vont souffrir pendant de longues années des fautes politiques commises par les adversaires de la démocratie, et qu'il est du devoir de celle-ci de se dévouer à la guérison des plaies de la patrie.

La députation de Paris possède actuellement dans son sein plusieurs représentants directs des populations travailleuses sur lesquelles vont peser lourdement les maux de l'invasion. La mission des démocrates jeunes, pleins de cœur, et instruits, est d'aider ces délégués du travail manuel dans l'étude de la solution des questions de suffisante vie, d'instruction et d'indépendance pour les masses.

A ce prix, à ce prix seul, nous pouvons espérer de conserver la République.

30. JEAN BRUNET. — 91,914 voix.

Jean Brunet, représentant de la Haute-Vienne à la Constituante de 1848, officier d'artillerie démissionnaire après le coup d'État, s'est fait en ces derniers temps le Jérémie de la défense de Paris. Pendant que Beaurepaire s'offrait avec foi à faire une trouée à l'aide de ses 10.000 volontaires, Jean Brunet traçait désespérément les plans d'une offensive où l'artillerie et les terrassements devaient jouer le premier rôle. Optimiste et pessimiste ont obtenu, comme on sait, le même accueil auprès des membres du gouvernement.

Il nous serait difficile de dire si l'action simultanée de tous ces sauveteurs aurait pu rompre le cercle de fer de l'envahisseur, et nous craignons qu'à cet égard les opinions ne demeurent toujours partagées. Mais l'opinion publique regrettera éternellement qu'on ait laissé mourir à Paris plus de 60,000 personnes par les épidémies et la misère, sans avoir permis à tous ceux qui voulaient généreusement risquer leur vie, de tenter quelque chose. Cluseret, Flourens, Beaurepaire et Jean Brunet, à la tête d'hommes résolus, aventuriers si l'on veut, indisciplinés, nous l'admettons encore, auraient très-certainement harcelé et sérieusement inquiété l'ennemi, qui paraît surtout très-courroucé de l'intervention des quelques corps de francs tireurs qui s'étaient formés à l'origine de la guerre, et dont le militarisme classique a entravé et arrêté systématiquement le développement ultérieur.

L'élection de Jean Brunet à Paris est une évidente protestation contre les plans militaires de la défense, si tant est qu'il soit permis de leur donner le nom de plans. Et, à ce titre, le vingt-neuvième élu de Paris apportera, dans la solennelle enquête qui va s'ouvrir, une autorité que nous aimons à croire compétente.

---

31. — COURNET. — 91,656 voix.

Le jeune chef du 224ᵉ bataillon de la garde nationale est le fils du trop brave officier de marine qui succomba à Londres, où il était émigré par suite de ses ardentes opinions démocratiques, dans un duel avec un de ces aventuriers suspects dont tous les partis, même le nôtre, sont affligés.

Cournet est un des rédacteurs du *Réveil*, un journal aux allures sévères, et dont les colères doivent être respectées, en raison de l'honnêteté du sentiment qui les fait déborder. Avec Floquet et Brisson, Cournet apportera à l'Assemblée nationale ces passions enthousiastes qui sont comme l'efflorescence de la jeunesse, et que le souffle brutal des années et les tristes expériences de la vie ne modèrent que trop tôt.

Comme ses collaborateurs du *Réveil* et comme tous les vrais démocrates, il éprouve pour les souffrances du pauvre, dans notre société actuelle, une sympathie réelle et un désir sincère de les faire progressivement disparaître. Sa sincérité même et son intelligence lui ont fait éviter jusqu'ici l'écueil des utopies. Il ne croit pas aux panacées communistes et à l'organisation du bonheur de l'humanité par décrets dictatoriaux. Il recherche, comme tous nos jeunes lettrés et studieux du parti républicain, ce que l'individu peut apporter d'efforts à l'amélioration de sa propre condition, et la part intelligente et fructueuse que peut et doit prendre le législateur dans les institutions sociales ayant précisément pour but de provoquer, d'aider et de faire aboutir les efforts particuliers de chacun.

C'est là le vrai socialisme, où la liberté, sérieusement garantie, doit être le principal instrument de la conquête de l'égalité, et, si nous ne nous trompons, Cournet promet d'être un de ses plus vaillants champions dans l'avenir.

---

32. — HENRI TOLAIN. — 89,132 voix.

Parisien, ouvrier ciseleur, Henri Tolain est un des types les plus originaux de cette population d'artisans mi-artistes et mi-ouvriers, si nombreuse à Paris.

Agé de quarante-deux ans, n'ayant reçu dans son enfance que l'instruction rudimentaire donnée il y a trente ans aux fils d'ouvriers, il est parvenu à acquérir de lui-même des connaissances variées et un talent réel tant comme écrivain que comme orateur. N'exagérons rien : ce n'est pas un tribun qui par un langage enflammé et plus ou moins correct, servi par une voix puissante, subjugue et soulève les flots populaires ; non, c'est un discuteur disert, alerte et courtois.

Au physique presque petit, maigre, une grande barbe, compensée par une calvitie complète du haut de la tête, un nez socratique et une voix nasillarde.

Au moral, artiste, c'est-à-dire expression de son milieu, du groupe dans lequel il vit, le contraire du philosophe qui conçoit solitairement et attend du temps et de l'expérience la confirmation de ses doctrines.

Son histoire comme homme public se lie intimement à celle de la section parisienne de l'*Association internationale des travailleurs*, dont il a longtemps été la personnification.

3.

La première apparition sur la scène politique de celui qui est aujourd'hui l'élu de Paris, fut sa candidature ouvrière en 1864, comme conséquence du fameux manifeste dit « des soixante » manifeste dans lequel on reconnaît sa plume, et qui est l'indication, l'esquisse des idées qui, quelques mois plus tard, présidèrent à la fondation de *l'Internationale*. Les signataires du manifeste, ayant conscience de l'état des sociétés modernes, et plus ou moins avoués par leurs camarades, déclarent qu'à l'affranchissement politique des ouvriers par le suffrage universel doit correspondre l'affranchissement économique ; ils ne disent pas, mais ils font entendre qu'il est temps de mettre un terme à la politique pure, et de fonder enfin la politique économique. En attendant, ils demandent qu'à côté des spécialistes, industriels, commerçants, savants, militaires, du parlement, figurent des représentants des ouvriers.

La candidature ouvrière échoua, comme on sait ; la masse des électeurs de la cinquième circonscription de Paris, ouvriers pour la plupart, ne comprit pas ; les compétitions personnelles s'en mêlèrent.

Le 26 septembre de la même année, Henri Tolain assistait à Londres, avec deux autres délégués parisiens, A. Limousin et Perrachon, au meeting de Saint-Martin's-Hall, où fut fondée l'*Association internationale des travailleurs*. Les idées exprimées dans le préambule des statuts provisoires montrent qu'Henri Tolain avait, en écrivant le manifeste des « soixante, » réellement compris le caractère de l'agitation qui travaille les populations ouvrières de l'Europe depuis plusieurs années, et que n'arrêteront pas, espérons-le, les conséquences de la guerre actuelle.

« Considérant, y est-il dit, que l'émancipation des travailleurs doit être l'œuvre des travailleurs eux-mêmes ; que les efforts des travailleurs pour conquérir leur émancipation ne doivent pas tendre à constituer de nouveaux priviléges, mais à établir pour tous des droits et des devoirs égaux et à anéantir toute domination de classe ;

« ..... Que, pour cette raison, l'émancipation économique des classes ouvrières est le grand but auquel tout mouvement politique doit être subordonné *comme un simple moyen*..... »

Au premier congrès général de l'Association, tenu à Genève en 1866, se produisit un fait qui était à prévoir : les membres parisiens, pour la plupart artisans plutôt qu'ouvriers de la grande industrie, étaient plus ou moins mutuellistes ou disciples de Proudhon ; les représentants des autres nationalités étaient tous ou presque tous communistes. De grandes discussions eurent lieu dans lesquelles Tolain prit une part brillante ; il fut encore là le porte-parole, l'expression de son groupe. Au congrès de Lausanne (1867) mêmes batailles, où Tolain était également présent.

En 1868, l'autorité impériale, qui avait jusqu'alors fermé les yeux sur l'existence de la section parisienne de *l'Internationale*, découvrit tout à coup que cette société existait en violation de la loi de 1834 sur les associations. Le ministère public eut même un instant la bouffonne idée d'y voir « une société secrète publique. » Devant la sixième chambre de police correctionnelle, Tolain présenta la défense collective des membres de la commission administrative ; il développa avec un talent auquel l'organe du ministère public rendit hommage les idées générales du mouvement ouvrier ; les membres de la commission furent condamnés chacun à 100 francs d'amende, et la dissolution de la section fut prononcée.

Une seconde commission, nommée pour administrer la section pendant le cours des événements judiciaires, fut à son tour poursuivie, et chacun de ses membres obtint de la munificence des magistrats impériaux trois mois de prison et 100 francs d'amende. Un « attendu » de l'arrêt de la Cour d'appel dans cette seconde affaire peint bien le manque de sens moral des hommes à qui l'empire confiait le jugement des affaires politiques. Le voici : « Attendu, etc.... que.... le but des associés était l'amélioration de la condition de tous les ouvriers sans distinction, et ce, par la coopération, la production et le crédit;.... Condamne, etc.... »

Aux congrès de Bruxelles (1868) et de Bâle (1869), où un certain nombre de sociétés corporatives parisiennes se firent représenter, mêmes heurts entre les mutuellistes parisiens et les communistes provinciaux et étrangers: les mutuellistes brillent, mais les communistes l'emportent par le nombre. Tolain était présent.

Mais, dès ce moment, la section parisienne, n'existant plus qu'à l'état occulte, était travaillée par le communisme, et des agitateurs purement politiques y prêchaient ce socialisme rudimentaire. A la popularité de Tolain succédait alors celle de Malon.

Pendant la période des réunions publiques, ouverte par la loi du 6 juin 1868, Tolain s'est prodigué, luttant tantôt contre les économistes, tantôt contre les communistes. Grâce à la flexibilité de son talent, il sut dire beaucoup de choses, tout en échappant aux poursuites. Pendant un an, il a été attaché au *Courrier français*, et il vivait d'un modeste emploi chez un ferblantier, lorsque les électeurs sont venus le chercher pour le faire d'abord adjoint de M. Mottu, puis représentant du peuple.

33. — MAXIMILIEN-PAUL-ÉMILE LITTRÉ.
87,868 voix.

Nommé, par la délégation de Bordeaux, professeur d'histoire à l'École polytechnique réorganisée dans cette ville, le philosophe Littré a fait sa première leçon le jour même où il atteignait sa soixante-dixième année.

Littré, né à Paris le 1er février 1801, a d'abord étudié la médecine et la physiologie. Entraîné ensuite par goût vers l'étude des langues, il est devenu non-seulement un de nos premiers philologues, mais en même temps un savant des plus érudits dans les principales branches des connaissances humaines.

Combattant de juillet 1830, il est resté, jusqu'à la mort violente du *National*, en 1851, un de ses rédacteurs les plus estimés.

Comme philosophe, M. Littré est plus particulièrement connu pour sa chaleureuse adhésion et son incessante propagande en faveur de la doctrine *positiviste* d'Auguste Comte, dont cependant il s'est séparé sur plusieurs points importants.

Nommé membre de l'Institut, il a refusé la décoration de la Légion d'honneur, qui lui avait été offerte à cette occasion.

En 1844 il a été nommé, par l'Académie des inscriptions, membre de la commission chargée de continuer l'Histoire littéraire de France.

On lui doit, entre autres travaux, une traduction du livre du docteur Strauss : *la Vie de Jésus*, et beaucoup d'écrits sur la médecine.

Son grand œuvre, en ce moment, c'est le *Dictionnaire étymologique de la langue française*.

A' quel courant d'idées M. Littré doit-il d'avoir été élu à Paris dans cette crise désespérée, où les choix portent en général l'empreinte de la passion patriotique? C'est ce qu'il nous est impossible de comprendre et d'expliquer autrement que par un sentiment de lutte contre le cléricalisme, qui n'a jamais ménagé au philosophe positiviste ses brocards et ses excommunications.

C'est donc surtout le libre penseur que Paris a élu, sans se préoccuper de la valeur propre de sa doctrine. C'est par conséquent la libre pensée qu'aura à défendre le vieux savant au milieu d'une assemblée disposée à toutes les concessions envers une majorité de conservateurs épeurés.

Espérons que l'instinct de la conservation, bien entendu par eux une fois par hasard, leur fera comprendre que c'est à l'aide de la liberté vraie, sincèrement acceptée et loyalement protégée par les lois républicaines, que la France se relèvera un jour du profond abîme où elle est plongée.

34. — JULES FAVRE. — 81,722 voix.

En choisissant Jules Favre comme ministre des affaires de la République qui vient de succéder à celle du 4 septembre, M. Thiers paraît avoir trouvé le moyen de noyer la responsabilité du négociateur de Ferrières, relativement à la défense de Paris, en la laissant se confondre avec celle des plénipotentiaires chargés de déterminer les bases de la triste paix qui se prépare.

Ce calcul trop habile réussira-t-il?

Ici la plus grande réserve s'impose à nous. Nous sommes en France, dans ce pays loyal où, pour tout vrai citoyen, la personne et les opinions d'un prévenu sont sacrées.

Ce n'est pas que nous croyions beaucoup à la transformation de l'Assemblée nationale de 1871 en cour de justice. Elle ne sera ni la Convention, ni le comité de salut public, ni le tribunal révolutionnaire. Mais qu'elle le veuille ou non, c'est devant elle que se fera, en présence de témoins comme Victor Hugo, Louis Blanc, Henri Martin, Quinet, l'enquête solennelle sur les défaillants et les incapables qui ont peut-être livré Paris, ou tout au moins ne l'ont pas défendu comme il pouvait et voulait l'être.

---

35. — ARNAUD (DE L'ARIÉGE). — 79,955 voix.

Le maire nommé le 4 novembre pour le VII° arrondissement de Paris, est né à Saint-Girons en 1817. Il a pris la robe d'avocat, qu'il a quittée ensuite pour soutenir dans des livres, avec un talent incontesté, la difficile thèse propagée par l'école de Buchez : la réconciliation du catholicisme et de la Révolution. Certes il pouvait être permis, en 1848, à un esprit éclairé de se complaire dans cette chimérique hypothèse, un instant crue réalisable par Lamennais, en compagnie de gens fort instruits, très-lettrés, et d'une honnêteté qui était peut-être le meilleur et le plus solide de leurs arguments. Mais après avoir vu succéder aux hypocrites bénédictions des arbres de liberté les tentatives réactionnaires et l'action bonapartiste du clergé, il fallait une foi plus que robuste pour persister à croire à l'unité des sectateurs de Jésus-Christ et des partisans de l'Être Suprême et de l'immortalité de l'âme. Telle fut cependant l'erreur constante d'Arnaud (de l'Ariége), dont rien n'a pu dessiller les yeux, puisqu'en 1864 il défendait encore cette cause à jamais perdue dans deux volumes sur l'Italie.

D'un Breton bretonnant la chose eût été croyable. Mais un Ariégeois devrait avoir la logique plus près du bonnet. L'opinion publique pardonna néanmoins l'étrangeté du plaidoyer en faveur de l'excellente réputation de l'avocat, que son département avait envoyé à la Constituante de 1848 par 29,515 voix, et dont il confirmait de nouveau le mandat à la Législative, avec une perte, il est vrai, de plus de 8,000 voix.

La révolution de septembre ne paraît pas avoir soufflé en quoi que ce soit sur les illusions du trente-cinquième élu de la Seine. Il semble même avoir fait en arrière un pas dont il n'a peut-être pas eu conscience. Démocrate, il aurait dû soutenir le principe de la non-gratuité des fonctions publiques, en dehors duquel il est interdit à quiconque n'a pour vivre que le produit journalier de son travail d'accepter aucun mandat électif. Or M. Arnaud (de l'Ariége) a refusé avec une certaine solennité les 10 francs par jour que timidement la mairie centrale de Paris avait cru devoir allouer aux maires des vingt arrondissements. D'aussi riches que lui ont accepté, mais, à son exemple, ont réservé le principe. Ici cependant le principe était tout. Il s'agissait de se décider pour la démocratie pratique ou pour l'aristocratie des écus. Mais, nous le répétons, M. Arnaud (de l'Ariége) n'a pas calculé les conséquences de son refus; il a dû céder simplement, selon nous, à un froissement d'amour-propre en refusant ce qui, pour lui, ressemblait à une aumône.

Qu'apportera dans la prochaine assemblée, pour l'établissement et la consolidation de la République, M. Arnaud (de l'Ariége)?

---

36. — LÉON SAY. — 76,675 voix.

M. Léon Say, de la dynastie des Say, est né en 1826. Fidèle aux traditions et aux doctrines de sa famille, il nous paraît appelé à s'entendre économiquement avec le nouveau chef du pouvoir exécutif en France. Personnellement, c'est un homme disert, même éloquent. Il est administrateur du chemin de fer du Nord, où il exerce une véritable influence. Comme écrivain, il a pris une part importante à la rédaction du *Journal des économistes*. C'est aussi un des principaux collaborateurs du *Journal des Débats*.

En mai 1869, il s'est porté candidat à la députation pour l'arrondissement de Pontoise contre MM. Eugène Rendu et Lefèvre-Pontalis.

Il n'a pas réussi. Plus heureux cette fois, il a vu le département de Seine-et-Oise consacrer sa candidature nouvelle par une double élection.

---

37. — LEDRU ROLLIN. — 75,784 voix.

Ledru Rollin, né le 2 février 1808, à Paris, était dès 1830 un avocat distingué, mais peu connu en dehors du barreau. Sa carrière politique date d'une protestation contre l'état de siége établi par Louis-Philippe en juin 1832, et auquel le gouvernement prétendait donner un effet rétroactif. Il publia ensuite, sur le massacre de la rue Transnonain en 1834, un mémoire qui lui valut une très-grande popularité. Aussi les électeurs du Mans l'envoyèrent-ils en 1841 à la Chambre des députés, en remplacement de Garnier Pagès l'aîné, qui venait de mourir. Ledru Rollin fut très-actif, d'une rare éloquence, d'un radicalisme absolu dans la campagne des banquets qui précéda et amena la révolution de 1848. Le 24 février, il fut acclamé comme l'un des membres du gouvernement provisoire. Ministre de l'intérieur, il joua à cette époque un rôle analogue à celui que vient de remplir Gambetta. Il fut vaincu comme celui-ci par des événements au-dessus de toute prévision humaine, après avoir été élu dans plusieurs départements, parmi lesquels la Seine, Saône-et-Loire, l'Algérie et l'Allier.

Il avait été membre de la commission exécutive jusqu'à la veille de l'insurrection de juin.

A l'élection présidentielle du 10 décembre, Ledru Rollin obtient plus de 300,000 voix, manifestation remarquable d'une très-intelligente minorité, à laquelle son talent, grandissant chaque jour, avait inspiré une confiance sans limites.

Réélu à la Législative, il fut forcé de quitter la France à la suite de l'affaire du 13 juin 1849, protestation suprême et en quelque sorte désespérée contre l'égorgement de la république romaine par un gouvernement qui prétendait se nommer la république française.

L'exil est pour beaucoup des nôtres une sorte de prison politique, où le peu qu'on connaît des événements extérieurs n'est jamais apprécié sainement. Le proscrit, tout comme le proscripteur, ne sait rien *de visu* et ne perçoit que des impressions transmises. L'un comme l'autre ne peuvent rien juger par eux-mêmes. Cette situation explique comment Ledru Rollin, éloigné de sa patrie depuis de longues années, entouré de proscrits aigris comme lui et plus que lui, circonvenu par les agents d'une police sans pudeur, n'a jamais bien connu l'état du pays et les sentiments d'une minorité qui persistait à voir en lui une des colonnes inébranlables de la République à venir.

Le 4 septembre a rompu les chaînes de l'exilé; il est revenu parmi nous, mais comme les délivrés de Doulens en 1848, il n'a d'abord rien compris au mouvement qui s'était opéré en son absence. Se croyant méconnu, il s'est replié dans sa douleur et n'est sorti qu'un instant de sa retraite, le 4 octobre, pour proclamer dans un club la nécessité de procéder sans retard à des élections municipales. On pouvait mieux attendre de son initiative.

De son côté, s'il avait ressenti à quelque degré que ce soit l'émotion parisienne, le gouvernement de la défense nationale aurait dû utiliser à ce moment la popularité, restée intacte, de l'ancien membre du gouvernement provisoire de 1848. Cette popularité est aujourd'hui un peu ébranlée ; mais il aurait suffi de quelques actes intelligents et marqués de décision pour qu'elle lui revînt tout entière et plus sérieuse que jamais.

Malheureusement, voici la lettre que le nouvel élu de trois départements vient d'adresser au président de l'Assemblée nationale de Bordeaux. Nous ne jugeons pas : nous enregistrons.

« Monsieur le président,

« Sous la main de l'ennemi, au milieu des nécessités désastreuses, inéluctables, où nous a jetés une série de perfidies et de trahisons, le vote des dernières élections ne pouvait et n'a pu présenter les conditions d'indépendance et de spontanéité qui sont l'essence même du suffrage universel.

« Puisqu'il m'a été donné de présider à son organisation primitive, il m'était imposé de faire, en son nom, cette réserve qui, isolée aujourd'hui, sera, contre ce qui va s'accomplir de déchirant et de funeste, la protestation unanime de l'avenir.

« Cette réserve, c'est pour la mieux caractériser, pour la rendre plus saisissable et plus tangible, c'est pour dégager plus irrémissiblement la grande et tutélaire institution du suffrage universel, que je n'ai pas hésité à immoler, une fois de plus, l'homme au principe.

« Il ne me reste donc, après avoir préalablement refusé toute candidature, qu'à donner ma démission de député pour les départements des Bouches-du-Rhône, de la Seine et du Var.

« Ce que je fais ici. »

---

38. — TIRARD. — 75,207 voix.

Le négociant que le gouvernement du 4 septembre a mis à la mairie du deuxième arrondissement, et que les électeurs viennent d'envoyer à l'Assemblée nationale, y représentera, dans toute sa vigueur et son esprit pratique, la ruche active du commerce français et de l'industrie parisienne, en même temps que la portion la plus éclairée de cette couche sociale que M. Guizot nommait la classe moyenne, et sur laquelle il prétendait édifier exclusivement son idéal politique.

Longtemps rebelle aux idées démocratiques, dans lesquelles elle ne voulait voir que des appétits de convoitise ou la haine envieuse des supériorités, cette classe moyenne s'est enfin modifiée. Sous les rudes leçons que lui a infligées le césarisme du second empire, et renonçant désormais à l'absurde prétention de constituer une *classe*, elle s'est confondue avec le peuple, c'est-à-dire qu'elle est rentrée dans la nation tout entière. Avec tous les gens de cœur, elle s'est ralliée à la forme de gouvernement qui nous divise le moins, et dont la consolidation nous préservera seule, dans l'avenir, des fléaux déchaînés par l'ambition, la cupidité ou le caprice des têtes sacrées et couronnées.

L'élection de M. Tirard est bien évidemment due à cette pensée de fusion des classes dans la démocratie, et nous sommes persuadé qu'en grande partie la population ouvrière y a poussé, en la circonstance, de tout son cœur et de tous ses efforts.

---

39. — RAZOUA. — 74,415 voix.

Le trente-neuvième élu de la Seine est un ancien zouave transformé en journaliste de l'école de *la Marseillaise*, et qui a subi pendant le siège, en sa qualité de chef de bataillon élu de la garde nationale d'un des faubourgs les plus connus pour sa bruyante exaltation, une foule de tracasseries et de persécutions auxquelles un pouvoir intelligent et fort n'aurait jamais eu besoin de recourir.

Le citoyen Razoua pourra peut-être donner, dans la solennelle enquête ouverte devant l'Assemblée nationale, quelques éclaircissements sur certaines accusations portées contre les bataillons ouvriers de Paris, et qui semblent avoir été conçues dans la pensée systématique de créer des divisions et des conflits entre les diverses couches de la population parisienne, dans le but odieux de paralyser l'action commune.

Pour l'honneur de Paris tout entier, il importe que le plus grand jour se fasse, s'il est possible, sur de graves soupçons que nous ne sommes pas seuls à exprimer.

---

40. — EDMOND ADAM. — 73,245 voix.

Edmond Adam est né aux environs d'Évreux, en 1815 ou 1816. Il fut un des plus jeunes collaborateurs du *National*, qui n'aimait pas en général les jeunes gens, non plus que les jeunes doctrines littéraires. En 1848, il fut secrétaire général de l'Hôtel-de-Ville et rendit de grands services.

Vers 1857, M. Edmond Adam entra au Comptoir d'Escompte, en qualité de secrétaire général. Il y resta dix ans, y fit fortune et eut pour successeur M. Borie, rédacteur du *Siècle*, agronome et économiste. M. Adam s'est fait remarquer dans son passage aux affaires par une parfaite courtoisie envers tout le monde et une grande aménité dans ses relations.

Il y a quatre ans il quitta le Comptoir, épousa une charmante femme, auteur distingué, Mme Juliette Lamber, et se retira à Cannes, dans sa résidence du golfe Juan.

La révolution de septembre 1871 vint l'y trouver. Nommé préfet de police, M. Adam a donné sa démission au 31 octobre, pour ne pas manquer à des promesses de réconciliation et d'oubli. Les électeurs ont récompensé sa bonne foi politique en l'envoyant à la Chambre.

41. — ÉDOUARD MILLIÈRE. — 73,121 voix.

Le suffrage universel, directement exercé et par scrutin de liste, a ses surprises et, pourrait-on ajouter peut-être, ses aberrations morales. Il ne nous est pas possible de deviner si c'est le caissier de *la Marseillaise*, le farfouilleur des secrets les plus intimes de la vie privée, le chef traqué du 208e bataillon, l'adjoint au maire du vingtième arrondissement, ou tout simplement l'écrivain baroquement socialiste, que 73,121 électeurs parisiens ont envoyé à l'Assemblée nationale en la personne de M. Millière.

Un des avantages certains d'une plus intelligente organisation du suffrage universel, c'est qu'elle aurait radicalement guéri M. Millière de toute démangeaison ambitieuse.

---

42. — ALPHONSE PEYRAT. — 72,480 voix.

Né à Toulouse en juin 1812. Élève du séminaire, puis de l'École de droit de cette ville, le jeune Peyrat vint à Paris en 1833, et entra à *la Tribune*, où un de ses premiers articles valut au journal, déjà fréquemment condamné, trois ans de prison et 10,000 fr. d'amende.

C'était bien débuter pour l'époque. Aussi, après la suspension de la feuille républicaine à la suite de l'affaire d'avril 1834, M. Peyrat entra-t-il au *National*.

Il collabora ensuite à *la Presse*, et après quelques voyages en Italie et en Espagne, il fut appelé à la rédaction en chef de ce journal, qui, à la fin de 1857, fut suspendu pour deux mois.

M. Peyrat entra alors au *Siècle*, qu'il quitta pour fonder *l'Avenir national*, dont il est encore aujourd'hui le rédacteur en chef.

La députation de Paris compte dans son sein un certain nombre de journalistes, dont la plupart sont en même temps des avocats ou des économistes. Seul, M. Peyrat représentera à l'Assemblée nationale la presse proprement dite, c'est-à-dire le principe de la libre discussion et de la critique des actes gouvernementaux.

A la tournure que prennent les événements, c'est une mission qui n'est pas sans épines. Comme en 1849, la réaction rétablira-t-elle le cautionnement, ou en d'autres termes, imposera-t-elle le « silence au pauvre! » dont parlait alors Lamennais? Les délits de presse ne seront-ils pas considérés comme des crimes d'État, et frappés des peines les plus sévères? Cela est possible et probable.

Pour qu'il en soit autrement, il faudrait que le journaliste Peyrat descendît un peu des nuages métaphysiques où il se complaît ordinairement. Il lui serait facile d'établir que le journalisme se divise de nos jours en deux catégories fort distinctes : celui qui défend à tous risques des opinions et des principes; celui qui bat la grosse caisse pour remplir son escarcelle. Deux groupes distincts ont adopté le programme financier de la dernière catégorie. Le premier caresse les appétits de la jeunesse dorée, s'occupe beaucoup des chevaux de course et des cocottes les plus célèbres. Le second verse du vinaigre sur les plaies du pauvre, surexcite ses colères, et empoche le résultat d'une abondante vente au numéro. Le lecteur intelligent pourra aligner à son gré les titres des journaux que nous signalons ici en bloc.

Quant au journalisme-sacerdoce, — pour emprunter à M. Prudhomme une de ses meilleures définitions, — il est certain qu'il est devenu de plus en plus rare. Et c'est précisément pour nous une raison de dire que les électeurs parisiens, en envoyant M. Peyrat à l'Assemblée nationale, ont voulu protester contre les invectives trop généralisées qu'inflige l'opinion publique à la plupart des avocats et des journalistes, et prouver qu'il y avait à faire parmi eux d'honorables exceptions.

43. — FARCY. — 69,968 voix.

Ce savant officier de marine, dont chacun connaît la triste et lamentable odyssée, doit être à l'Assemblée nationale de Bordeaux la plus vivante des protestations contre l'incroyable incurie du gouvernement du 4 septembre, contre la mauvaise volonté et la routine des comités impérialistes que ce gouvernement a eu la faiblesse de ne pas briser dès le premier jour.

Parmi la foule des inventeurs qu'a fait surgir le siége de Paris, et au milieu des plans et des moyens de résistance plus ou moins acceptables qu'ils ont présentés, Farcy aura le mérite de n'avoir proposé que des idées pratiques et dont l'importance a d'ailleurs été prouvée par le peu qu'on a daigné lui laisser faire.

L'espèce d'ostracisme qui a frappé son système de chaloupes canonnières aura-t-il eu, du moins, pour dernier résultat, d'entraîner de fond en comble la réorganisation de nos académies des sciences militaires, asiles des invalides de la routine et de la nonchalance, peut-être même de la trahison hypocrite ?

A cet égard, ce qui s'est passé ne nous laisse pas grand espoir.

Pendant qu'il exilait Rochefort à la commission des barricades, le gouvernement de la défense semble avoir laissé s'établir dans les comités et dans les états-majors, sous la direction occulte des bonapartistes, une sorte de contre-commission secrète que l'histoire pourra bien nommer « le comité des obstacles à l'intérieur. »

TABLE ALPHABÉTIQUE

	Pages		Pages
Adam (Edmond)	68	Langlois	48
Arnaud (de l'Ariége)	62	Ledru Rollin	64
		Littré	60
Bernard (Martin)	44	Lockroy	35
Blanc (Louis)	3		
Brisson	41	Malon	39
Brunet	55	Martin (Henri)	32
		Millière	69
Clémenceau	50		
Cournet	56	Peyrat	69
		Pothau (amiral)	33
Delescluze	23	Pyat (Félix)	29
Dorian	36		
Dufraisse (Marc)	46	Quinet (Edgar)	17
Farcy	71	Ranc	38
Favre (Jules)	62	Razoua	67
Floquet	52	Rochefort	20
Frébault (général)	49		
		Saisset (amiral)	23
Gambetta	11	Sauvage	42
Gambon	34	Say (Léon)	64
Garibaldi	14	Schœlcher	27
Greppo	47		
		Thiers	42
Hugo (Victor)	7	Tirard	66
		Tolain	57
Joigneaux (Pierre)	25	Vacherot	51

9. — Paris. — Imprimerie CUSSET et Cⁱᵉ, rue Racine, 25.

www.ingramcontent.com/pod-product-compliance
Lightning Source LLC
LaVergne TN
LVHW051510090426
835512LV00010B/2451